老いは孤立を誘う

「支援される・支援する」関係の再構築

山口道宏 著

はる書房

はじめに

取材班は、孤立死した当事者の人生の軌跡を克明に追っていた。地方出身の都会暮らしのひとが、おりしも単身老後を迎えていた。

亡くなったひとは誰もが認める真面目で心優しいだけに、もの悲しさが観たあとの余韻として残る。みなが仕事に、生活に、律義なひとばかり。郷里に帰ることはなかったが菩提寺に供養のため送金するひと、離婚を経験したひと、「共同墓」を探すひと、遺骨を引き取る家族や親族がいないひともあった。

「無縁社会」という言葉はNHK取材班の造語だが、時代の特徴を捉えた作品は話題となり（二〇一〇年NHKスペシャル）、誰にも看取られることなく死んでいたという孤立死は年間三万二千人（当時）と伝えている。

同取材班の目的は孤立死を通し「自己責任」へと因果を求める社会に警鐘を鳴らすことにあった。しかし反響の多くは専ら「発見」に関心を寄せ、行政内の情報共有、行政と民間ライフライン業者との連携という、直近の「見守り対策」の提言に終始した。

孤立死は悪いのだろうか。そもそも、なぜ「無縁社会」になるのか。

もとより、少子高齢化、単身世帯増がイコール孤立でなく、孤立だから孤立死ではない。ひとはいきなり孤立するわけではなく、そこに至るには様々な事情がある。先の「無縁社会」は別言すれば孤立社会に他ならず、ゆえに「無縁社会」の成り立ちの検証なき対応は「孤立問題」の解明に遠く及ばないことだった。

あれから一〇年が過ぎていた。孤立の有様も多様化、複雑化し、近年では「８０５０《はちまるごーまる》世帯」「ヤングケアラー」など今日的な世帯や家族介護の実相も知られる。と同時に、孤立とは一時的なものでなく、木を見て森を見ないならば「対策」は単に忌避《きひ》の域をでないことを教えてくれる。

警察庁は高齢者の「孤独死」は推計年間六万八千人という（二〇二四年五月発表）。一〇年間に二倍を超える数字は、時代の何を語るのか。

取材先で、若い官僚は、筆者にこう語っている。

「措置《そち》って、なんですか」「孤立死のあとは地域の資産価値も落ちるので」「孤立死は近所にも迷惑なんですよ」と。

周囲は、自らが「いまから死ぬので、よろしく」と言うのを待つのだろうか。

はじめに

「電話で選別　無責任　入院できず死亡　遺族憤《いきどお》り　自宅待機の八〇代男性」（毎日新聞二〇二一年五月一一日）――東京消防庁では搬送拒否の病院が相次ぎ翻弄《ほんろう》させられている。二〇二〇年初めから世界規模で拡がった感染症コロナ、ここにも人災の影が見え隠れしていた。「制度見直しを急いで」。コロナ治療の最前線にいる医師は、そう叫んだ。

高齢者ワクチンの電話予約が殺到した二〇二一年四月初め。東京都八王子市では受付開始の午前九時で、ウェブ予約は開始二〇分後に、電話予約は一時間半後に埋まった。

誰にも落ち度などないが、「自粛」の次は「待機」だった。保健所はパンク状態で「アクセスできない」「アクセスさせない」は、貧困と相俟って社会的弱者を泣かせた。

制度か施策かシステムなのか。政府は「目づまりがあって」というが、医療へのアクセス難民の出現は、公的責任へのそしりを免れない。

「目づまり」はなにより国民の求めたものでなかった。二〇二一年二月にはコロナ感染による「自宅療養」は全国五四万人を越し前週から一〇万人増という。流行当初は高齢者や既往症をもつ人を優先するというワクチン接種も、感染が長引くとそれらの人々は、今度は「トリアージ」の対象者になっていた。不条理にも医療にたどり着けずに死んだ人は一体何人を数えるのか、正式な発表はない。

「自宅療養」という名の放置は即ち自宅遺棄だ。

災害では「予見可能性の欠如」「不作為」の反省から、「同じ轍《てつ》を踏むな」が歴史における教訓となる。前者は「予め来たる事態を想定できなかった」、後者は「するべきことをしなかった」ということで、いずれも重大な過失と重なる。公的領域に関わる仕事で、結果として甚大な災害が引き起こされた際に「……それは想定外でした」を幾度となく聞いたが、失敗は繰り返される。あの地震で、薬害で、公害で、原発で、豪雨で、地滑りで、津波で、台風被害でと想起したなら分かりやすい。

いま四面楚歌《しめんそか》となり、死をも身近な感染恐怖にある善良な国民が「目づまり」で納得しようはずはなかった。

さて、本書発行の目的は、社会における「孤」から「個」への再確認になる。

我が国は、大戦を経て「臣民として」「赤子《せきし》として」の価値観を、民主主義のもと「個立」「個性」によって打ち壊し、目指すべきは「ひとりの人格者として」の立ち位置の保証にあった。しかし七十余年が経つと、ひとは孤立状態となり、社会全体が孤立の再生産といった様相になっている。どうして真逆である「個」から「孤」に変貌したのか。「孤」はいまや現代人の空気と言ってもいい。現代が「無縁社会」とよばれて久しい。

少子高齢化、単身化も進み家族機能も変わり、いまや身寄りなき老後も珍しくない。さらに地縁とよばれる近隣との関係性も薄れた。ただし老いは容赦なくやってきて、やがて自分で出来ることをひとつひとつ奪っていく。

一〇年ほど前の『高齢社会白書』（内閣府、二〇一一年）は、我が国の高齢者の社会的つながりを国際比較すると、血縁以外に頼れる近所や友人がいる割合が最も低く、社会的孤立が進んでいると伝えた（日本、米国、独、スウェーデン、韓国との比較）。

さらに一〇年後の二〇二一年の同白書では、同様の調べから我が国の高齢者の三割は友人がいないと発表したから、限られた国々の比較ながら、日本の高齢者は、血縁、近所、友人もない孤立状態にある、と政府も憂慮する事態だ。

そうした生活への支援に、国も近年ではこんなキーワードで自治体へ事業展開の指針を示している。「切れ目のない支援を」「見守り」「相談」「居場所」「情報」「つながり」「連携」など。にもかかわらず肝心の高齢者が「つながりたいけどつながれない」のはなぜか。

孤立社会で老いるとき誰がアクセス難民を作るのか。

ひとをつなぐ、つなげるのバリア（壁）は何か。つながらないのかつなげないのか。誰もがつながるための条件とは何か。ここでも「目づまりだから」では、ことの本来的な解決には程遠い膿《うみ》を孕んでいた。

首都圏の、ある子ども食堂のボランティアは、筆者にポツリこういった。

「……まだ、本当にここに来てほしい子は来ていないのですよ」。そのことは、高齢者の場合と、どう違うのだろうか。

感染症コロナの出現で、より深刻となった高齢者の孤立の日々。孤立はまた、これまでひとが経験したことのない数々の節目の時を身近としていた。

かつては「人生五十年」だったが、いまは百年時代の到来だという。長寿は慶賀のはずが、なぜ孤立なのか。

今日的な老いの営みにおいて孤立に至る背景と課題はなにか。老いた側の視座から、「無縁社会」の素顔を追った。

山口道宏

老いは孤立を誘う◆目次

第５章　自治体の挑戦——先行する実践例に学ぶ

第1章

コロナと孤立

コロナが助長した孤立社会

野辺送り

いきなり私事で恐縮だが、コロナの始まった二〇二〇年に、身の回りではこんな出来事があった。

六月のとある日、北関東にある菩提寺から一通の手紙が届いていた。コロナの影響から今年は「盆」に関する寺の行事は一切なし、墓参も自粛されたいという。母の「新盆」だったが、便りに従うことにした。

翌夏、今度は母を追うように実姉が逝った。関西に住む姉は悪性のがんが見つかると、わずか三ケ月後、あっけない死の訪れだった。享年七九。

訃報を受け、東京から駆け付けると既に姉は病院から斎場へと移され、冷たくなった亡《なき》骸《がら》のそばで葬送の支度が始まっていた。感染の恐れから場内のあちらこちらに手指消毒液のボトルが配され、行き交う係員は全員マスク姿で黙々と仕事を進めていた。

「……コロナ禍だから」と、喪主となった姉の子が語る。「家族葬」という名のとおり、ひそかに葬る形で家族親族の総勢七人、弔問客はゼロ。マスクをした僧侶の読経もあっさりしたもので、促された焼香はすぐに終わりを告げた。近所や故人の友人への連絡は、「申し訳ないけれど、すべてが終わった後日にすることにした」と喪主は話す。手際いい式場の差配のもと、「最後のお別れ」へと儀式は進んだ。十分に慈しむことができたか、いまさらながら心に引っかかる。

火葬場へと移動したのち、指定された室で待機は三〇分、荼毘にふされレーンで搬出される姉の「骨上げ」の際にも、「密集」を避けるため人数制限ありという。

コロナで葬儀なき「直葬」が増えたと係員が話す。「野辺送り」は今日的でない言葉になったが葬送の儀は形を問わず大切な福祉文化のはず、と鉄製の板上に紫煙が残る「姉」をみて思うのだった。

「新しい生活様式」

「**老い独り　隔離のように　住んでいる**」――金子錆男の川柳は秀逸だ。コロナ禍で、ひとは「巣ごもり」したから「ふれ合い」という言葉は死語になるのか。

二〇二二年、国民の閉塞感と疲労感は三年目を迎えていた。

孤立死が増えている。そうでなくても現代は「無縁社会」といい、ひとの孤立化が社会問題として浮上している。「外出自粛」は感染予防には有効だろうが、社会的な関わりを当然のように制限する。飲食やカラオケだけではない。学校、職場、地域での日常から公然と「参加」と「機会」を奪っていた。

人間社会そのものがなくなるかのような気配とともに、感染予防はひとに「社会的距離」を求め、それによって物理的にも孤立を誘引すると、なかでも支援を要する社会的な弱者に大きく影響を与えた。「ハグ、ハイタッチ、握手もいけません」との通達も、国境を越えた。

「……二歳の子がマスクですから」と、公園の砂場の子どもを見やる若いママが言った。どうやら幼児にもマスク文化が定着したらしく、複雑な思いで「新しい生活様式」の始まりを知ったが、一〇〇歳の爺もマスクをするから、もはや一億総マスクの時代。政府が「ウイルスと共生する社会」を標榜《ひょうぼう》するなら、大人は子どもにどう諭したらいいのか。「仲良くおててをつないで」「お話をいっぱいしましょうね」から、「おててはつながないこと」「ゴハンのときも黙ってね」への変化は、将来の語り草になるかもしれない。

最も有効な方策は「ステイホーム」だという。しかし、ひとにとって外出は必要な営みだけに、潜在的な孤立感、喪失感は大きい。ＱＯＬの低下は計り知れず、外出自粛が長引いたことで、感染症ばかりでなくそれ以外の死者数も増加しているから、ほとほと滅入ることだ。

「コロナ関連死」は、大震災後に発生した二次被害を想起すると理解しやすいだろう。政府が主導する「ステイホーム」と「テレワーク」に特徴づけられる「生活様式」の変化が人間の健康に悪影響を及ぼす、と報じるレポート（「コロナ関連死」、米国医師会雑誌（ＪＡＭＡ）『選択』二〇二〇年八月）もあるから、誰にとっても気が気でない。

大人から子どもまで、「目」の疲れも心配だ。ついこのあいだまでの、「長い時間テレビをみていては目に悪い」「テレビゲームは三〇分で終わりにしましょう」は、どの口が言っていたことか。食べ過ぎ、座り過ぎ、運動不足による「コロナ肥り」「筋力低下」に、加えてアルコール依存、受診控え、検診遅滞などが懸念されるが、このような状況が長期に及べば健康への影響は看過できないものとなる。

「新しい生活様式」にぬくもりはあるのか、ひとは新しい人災に馴れるのか、それとも新たな分断が生まれるのか。コロナ禍による「新しい生活様式」への落としどころが疑わしい。

医療・介護の貧困が露見

「待機の自宅で死ぬなんて」

「母引き取り翌日心中」（毎日新聞二〇二〇年四月二三日）――引き取った理由は、「コロナ対策、施設で面会出来ずに」だという。大阪市のマンションの一室で、住人の男性五七歳と母親九一歳の親子が無理心中をした。面会が出来ず、施設から自宅に引き取った翌日の悲劇。母が施設にいる間、孝行息子は毎日見舞うと朝から晩まで付き添ったと伝えられる。なにがあったのか。

「医師が足りない」「看護師が足りない」「介護士が足りない」「保育士が足りない」――なぜニッポンではこうも生命の現場が人手不足なのか。医療も介護もライフラインだが、慢性的な人手不足を放置した厚生行政の責任は大きい。

社会保障費一二〇〇億円超の圧縮（二〇二〇年度予算）でみるように、国は八年連続の防衛費増額の一方で生命に関わる部門の縮小を行っていた。振り返ってみれば、二〇〇〇年代初頭に「……社会保障も例外ではない」（小泉純一郎首相〈当時〉）との言説で医療も福祉も抑制の嵐に見舞われたが、それにはそのずっと前からの「医療費亡国論」（一九八三年）が後押しをしていた。そのシナリオは、「医療費が増え続ければ国家がつぶれる」「医者をつくると国の医療費がずっと上がるから」と、厚生省（当時）幹部は積極的に説いた。前後して「年寄り殺すにゃ刃物は要らない。病院に来れなくすればいい」とまで関係者に揶揄《やゆ》された「老人保健法」が一九八二年に制定され（二〇〇八年後期高齢者医療制度創設により廃止）、患者の自己負担増が練られていた。

「医療費亡国論」のDNAは、厚労省内で綿々と引き継がれていた。

初めに「入口」である医学部の入学定員抑制を図ると（一九八二年閣議決定）、二〇〇八年まで削減が続いた。それもあって医師不足は深刻で、日本の医師数はOECD（経済協力開発機構）の平均より一三万人も少ないと報告され（「最低レベル」東京保険医協会、二〇二〇年二月五日）、勤務医の四割の八万人が「過労死ライン」（年間九六〇時間・一ケ月八〇時間以上）に達し、うち二万人は一年間に一九八〇時間の残業という。すでに「働き方改革」など馬の耳に念仏だ。

国はまた病床数にも手をつけた。二〇二五年に向けて、病床数一三五万床を一一九万床とする「ベッド減らし」（「地域医療構想」）は現在も進行中だ。地方においてはとくに事態は深刻で、厚労省は全国に四二四ある公立公的病院の再編、統合を促したから、病床削減で早々に行き場を失う患者の存在が心配される。

国の予測でも二〇二五年に向け「自宅療養」で七〇万人の患者数を見込むが、開業医は高齢化し在宅医療の継承が危惧されている。近年でも、介護面では介護職員二四三万人が必要の一方で三二万人が不足しているという（二〇一九年時点）。いまもなお、なにかあったらドクターヘリの要請が必要で、平時から医師不足に頭を抱える過疎地域がある。日本では医師、看護師、ベッド数も絶対的に不足しているといわれ続け、とりわけ首都圏一都三県（東京都、神奈川県、埼玉県、千葉県）では人口当たりで全国平均以下、この問題が介護施設に飛び火しないわけがない。

我が国の医療制度史に詳しい本田宏医師（NPO法人医療制度研究会理事長）は、コロナ禍と医療介護の関係について、こう憂慮する。

「日本の医療は、コロナの始まる以前から病院自体が医師不足、看護師不足で危機的な状況でした。そして（コロナで）さらに厳しいことになった。とはいっても介護現場はそれまでは関連する医療機関に繋げたのですが、できなくなった。一般患者の救急入院もできない事態は介護施設をカバーできずにいる。いざというとき、入居者になにかあっても対応できなくなっている介護施設になっている。追い詰められているな、と思うのです。」

「身寄り」の有無が問題なのではない。家族も、社会全体も、機能不全がひとの孤立化の周辺を覆っている。「自宅待機」という名の放置によって死亡した例も少なからず伝えられた。

コロナは社会の不平等を拡大させた。医療難民、介護難民だけではない。コロナ感染者の正確な数値に加え「コロナ関連死」の数は不明、誰もカウントをしていない。

本来我が国の「皆保険制度」は皆受診ではないのか。「医療崩壊」と「介護崩壊」は表裏一体だ。医療も介護も保育部門の不足も、すべてが社会問題で、生命の現場の課題だ。

ケアマネジメントが専門の服部万里子氏（服部メディカル研究所所長）は、こう強調する。

「高齢で独居の場合、サービスが受けられなくなれば生活が維持できない場合もあり、持病や認知症が進むこともある。サービスを継続できる環境を整備すべきです。」

また小野沢滋医師は、「施設に入れず自宅で満足な医療も介護も受けられない高齢者が増えるのは間違いない。その先は大量孤独死社会が待っています」（毎日新聞二〇一九年一一月一日）という。

「待機の自宅で死ぬなんて」。コロナで医療・介護の貧困が加速している。

いのちのアクセス難民

患者は、医療体制に合わせてコロナに感染しているわけではない。病院への搬送拒否で亡くなったひとは、いのちのアクセス難民となった犠牲者だ。

「いま終わったよ」。高齢者のコロナワクチン接種が進められたが、会場には杖をつきながらやれやれとたどり着くひとが多い。家族が車で送迎しているのか、ひとりバスを使ってか、歩いてか。ヘルパーが付き添うひとの姿もある。

ひとり暮らしで認知症のひとだったら問診表も書くことはできないだろう。同伴のヘルパーは「時間外のボランティア」だという。通信各社がワクチン予約の殺到から電話利用を制限するということもあったから、オンライン予約をできないシステム弱者には追い打ちとなった。

この頃、我が国でも医療現場の混迷に「トリアージ」という語が躍った。「トリアージ」

とは、災害医療の現場で患者の重症度と緊急性から治療の優先度を決定する対応のことをいう。「トリ」、すなわち①既に亡くなっている人または救命の見込みのない人（黒色）、②緊急な対応を要する人（赤色）、③負傷しているが優先度の劣る人（黄色）、の三段階で方針を明示するものだが、その選別は「医療資源は有限だから」との理由を根拠にする。

しかしコロナ禍の現場では、当たり前となっている治療への「インフォームド・コンセント」（説明と同意）などどこ吹く風か、当事者にとれば塗炭《とたん》の苦しみだ。トリアージは医療の需給バランスから受診を抑制する働きをもち、「線引き」により不幸にも感染した患者（家族）に対して医療者が医療の中断を迫るから、医療を受けたい側にとっては医療からの排斥になる。

問題の根源は、不足する医療資源のまま放置した国策にある。

医師には医師法で応召義務が課せられ、「患者選び」はしてはならないという生命倫理、医師の職業倫理がある。ワクチン接種では「打ち手不足」への対応として、医師や看護師のほか薬剤師、歯科医、臨床検査技師、救命救急士、診療放射線技師、臨床工学技士らの職名も挙がった。

鈴木亘『医療崩壊――真犯人は誰か』（講談社現代新書）では、こんな意外な指摘もなされている。「……病床自体は豊富に存在するのに、コロナ病床として利用できる割合が非常に少なかった。」この点については、受け入れ補助金を受けているにもかかわらず実績のない「幽霊病床」の存在が後日になって明らかとなった。

「もどかしくて、もどかしくて。行き場をなくし、何もしないで潰えていく、そんな思いに胸が塞がりました」と、施設長は唇を嚙んだ。京都市内のグループホームでは「第三波」でクラスターが発生。感染者四名中二名は入院できたが二名が取り残された。そして夜になるとそのうち一名の症状が急変、オキシメーター（血中酸素飽和度計測器）の数値は八〇台だから尋常ではない。それでも搬送先は見つからず、駆け付けた救急車内で一時間半の「待機」。ようやく受け入れ先が決まったが「一時受け入れ」というもので、一晩だけの条件だ。

ユニット制のグループホームは小規模だ。入居する認知症のひとの多くは屈託ないが、部屋にじっとしていられない。マスク着用を嫌がることからも、「もし誰かが感染したら全滅になりかねない」という特別な事情がある。

保健所からの「九〇歳だったら、そちらでみて」「感染者が多くて無理だから」という指示に、特養の施設長（大阪府内）はショックを隠せない様子だ。クラスター発生時の保健所との入院要請でのやり取りというが、押し問答は諍いになった。保健所は電話で患者の状態を把握するはずだが、それもしなくなったか。同施設へはPCRの検査用キットも役所の介護保険の部署から送られてきたというから、混乱ぶりがうかがえる。

都内の介護施設でも、「第三波」（二〇二〇年末）のクラスター発生では入院が叶わない事態になった。保健所の電話は、「入院しなくていいですね」「施設のなかでみてください」「高齢者施設なのだから」とキッパリ。気まずい雰囲気が漂った。

保健所が施設長に「生命の選択」を迫った。当惑する施設長は、「病床ひっ迫というけれど、そもそも適正な数なのかどうか甚だ疑問です。いつでも、どこでも、安心しては、一体どこへ。行政は一年半ものあいだ、何をしていたのでしょう。あとひとり、スタッフが倒れたら介護崩壊でした」と訝《いぶか》る。

なんのための「介護保険」か

「……あとは、おまかせします」

「医療資源は有限だから」を免罪符にしてきた国の責任は重い。

図らずも、保健所から施設側への「……あとは、おまかせします」が続いていた。神奈川県川崎市では、市内高齢者福祉施設に対し「入居者感染で緊急性のない場合は施設内療養を継続するよう、との文書を出していた。１１９番するなというから、事実上のトリアージだ」（神奈川新聞二〇二一年三月二日）。

要請は川崎市ばかりではなかった。京都府にある社会福祉法人七野会の井上ひろみ理事長は、コロナ禍の介護施設の内情をこう説明する。

「第四波（二〇二一年四月から六月）あたりから患者さんは在宅にもいます。高齢者介護施設へは、二四時間介護のある生活施設なのだから軽症だったらそこでみてください、といった行政指導がありました。でも入居者は要介護者です。基礎疾患もあるし急変の心配もあります。現場の不安はぬぐえません。入所時、契約書に治療不能のときは入院せず看取りを選択するといった一文を用意するところもあるときますが、イザそのとき気持ちが変わらないという保証はないし、それ自体が決して良いことではない、と考えています。」

ところで「老健」（老人保健施設）でも感染が多いのはなぜか。医療系の施設だけに腑に落ちないが、こんな理由があった。

「老健」は厚労省の方針から、コロナ退院後の受け入れ先にもなっている現実がある。というのも老健は経営母体が医療法人で施設長は医師。だから、「特養」は嘱託医で通いだが「老健」では二四時間常在になっていることから〈おたくならみれるでしょ〉というのが国の考えだ。ここには構造的な問題が噴出している。

「老健」は、介護保険上「中間施設」と称されており、自宅と施設、病院の間と位置付けられ在宅復帰を目指すところである。国策の「地域包括ケア」の中核施設と期待されるも「在所三ケ月以内」の原則が次第に「老健の特養化」となったのは、もともと特養の絶対的な不足が原因に他ならない。リハビリや医療ケアを目的に入居者一〇〇人に一人の割合で医師は常駐だから、特養より充実している（特養は非常勤）。平均在所は一年で要介護が入居条件。経管栄養であっても可。要介護1からの入居（特養は3以上）で経営母体は医療法人が多い。「医師常駐二四時間三六五日」のはずが、感染は広まった!?

介護施設では、家族との面会ができず、活動もなくなり「フレイル」（健康な状態と要介護の中間）や認知症の進行が相当数あることが伝えられる。

「病床の回転率」とはなにか。医療にアクセスできないコロナ難民は身を裂かれる思いだ。病院への搬送以前に「生命の選別」「生命の放置」が行政指導の下で着手されている。

それでも現場はふさぎこんではいられない。

コロナ禍にあって入居者、職員、家族、事業者はそれぞれに懸命だ。どうしていたのか。

埼玉県で旧い特養の管理者に「コロナと介護」の現状を尋ねた。

「昨年のいま頃にはマスクを外す人もいましたが、現在ではマスクが日常になりました。でも『家族が来ない』『ボランティアも来ない』から入居者と職員だけの一年間以上に。外との交流はなく、直接面会はなしで窓越し面会まで。ガラス越し、インターホンで、一ケ月に一〇〇人以上の面会を実施しました。」

「職員は常に不安です。自分がコロナを持ち込んだら大変とヒヤヒヤもの。ＰＣＲ検査を週一回実施していて、全員が陰性の結果にホッとする、の繰り返しです。家族の健康面にも気をつけています。職員の意識は高まりましたがストレスがたまっています。仕事は『密』が当たり前の世界だけに、無症状で接触して入居者へ感染させてはならない、と常に恐怖心があります。」

関西にある特養では、「認知症の方はマスクをしない人もいて感染症対策は難しい。誕生会、遠足、旅行、花見、夏祭り、クリスマス会、初詣といった季節の行事、買い物もできない。理美容も、ボランティアの出入りもなくなったから、潤いがなくなりました。しばらくは面会もできなかったから、入居者ご本人も不安となり、混乱しましたね」（施設長）。

「このまま亡くなったら、どないしてくれるんや」

「このまま亡くなったら、どないしてくれるんや」（家族）との叱責もあった。本人、家族、スタッフそれぞれに辛い日が続いた。

「事業者にとってはどれだけの稼働率かは関心事ですが、まったく余裕はありません。入院先でコロナに感染し退院できなくなったり、新規入所にあたり感染していないかのチェックが必要になるなど、コロナの影響は大きいものがあります。

　こんなこともありました。自宅での家族介護者が感染して老人の受け入れ先にと希望された。だけど、ひとをはりつけられない。スタッフの人員難から職員の固定配置は到底できないので、残念ながら入居をお断りしたこともありました。感染のあったところは入退所から経営への打撃は大きく、職員のやり繰りは一層困難になりました。ただでさえ人手不足のおりに、職員が感染すれば二週間休まなければならないからシフトも回らない。変異株の感染リスクも不気味で、入居者、職員の健康管理も手は抜けない。

　スタッフにとっては入居者の願いに応えられないというストレスもあります。新しい職員の歓迎会もできずにいます。みながストレスをかかえることから個別の『ストレスケア』を実践しています。」（前出・七野会井上理事長）

埼玉の特養管理者（前出）は、入居者家族に積極的な「情報開示」をしているという。

「ご家族への連絡は欠かしません。一年半、面会ができなくてご不満もあったけれど、いまは（リモートや窓越しで）できるようになりました。」

「看取りのときは、ご家族に完全防御で来てもらいました。ご家族は会えてよかったと語り、スタッフへの労いもありました。」

しかし最後に、眉間にしわをよせると「だけど、入院できずに見送ったケースもありました」と、管理者はしゃくりあげた。

「後ろ髪が引かれるようでつらいです」（首都圏・ヘルパー）。この間、利用者との会話は「ほとんどしない」。気疲れも大きいが、「それでも待ってくれているから」と。「社会的距離」に気を配り、〝身体介護〟であるのに「ふれない介護」に苦戦する。

言うに及ばないが、「ひとに寄り添うこと」と「三密」の関係性は深い。とりわけ訪問入浴では、「ベッドからお風呂へ利用者さんを抱きかかえるので直接の接触は避けられませんし、入浴にマスク着用は到底求められませんから」。

ケアマネジャーは「個々のきめ細かいケアプランがつくれなくて」「ひとがいなくて」「事業所にもひとがいない」と言い、事業所は利用回数の減少から収入源となったと話す。「お年寄りは三日間寝込んだだけでも、寝たきり、認知症の予備軍になりかねない」とはリハビリを担う専門職の常識。だからこそ「寝たきり」の防止に、「動いて」「動いて」と、またベッドのひとへは「床ずれ（褥瘡）予防」に、こまめな体位変換がなされる。

「ヘルパーさんも来れないって、どうしよう」

「オムツ交換は、明日にまわすわけにはいきませんから」「なんたって私たちからお断りの選択肢はないので」——開口一番、そう語るのは訪問系サービス事業所（東京都内）のケアマネジャーだ。

一日八～一〇件、ヘルパーは玄関先で服を着替えるとサッと持参した袋に詰める。訪問に際し、「外の菌をうちに持ち込まないのが鉄則」というから細心の配慮に頭がさがる。訪問ヘルパーは、マスク、消毒液、手袋、ゴーグルは必携で、ゴーグルは目からの感染予防という。

マスクを着けての介助や家事はうっとうしく苦しい。でも、同所のベテランのヘルパーはくよくよしない。「これから夏は暑くて暑くて」と話すと、訪問先へと自転車を走らせた。

「年配のスタッフには、休業手当を支払って休んでもらいました。悩んで、悩んでのことです」――訪問系のステーションはパート勤務の高齢者ヘルパーが多い。若いヘルパーの多くは施設希望という背景もあって、家事援助では七〇～八〇代も珍しくないが、「お話も合うし心遣いがあって」と「（高齢ヘルパーは）いたって評判はいいのです」（前出・ケアマネジャー）。

しかし、コロナで事情が大きく変わった。感染拡大をきっかけに「もう、辞めて」と訴える自身の家族の声を受け、本人も不安となって退職者が続出。全国的な傾向だが、先の事業所の代表は、「苦渋の選択をせざるを得なかった」と折り合いの悪さを語る。

「もう、シフトがまわりません」――職員が感染すると二週間の自宅待機、「濃厚接触者」とみなされたスタッフも稼働停止になるため、他のスタッフに過重がかかり、残ったスタッフが「休日返上でまわしている」。夜勤がない訪問系のスタッフはパート勤務者が主流で、なかには「子どもが小さい」「親の介護をしている」などの理由も加わり、コロナが原因で離職するケースは少なくなかった。

「家族が家で見ますので、もうそちらには行きません」と、利用者宅からデイサービス利用の断りの電話がはいった。コロナ禍での「ステイホーム」や「テレワーク」で家族が家にいられるようになったから施設でのサービスは不要、となったらしい。ただし一日二日のことではないから、次第に家族は介護疲れに苛立ち、要介護者との関係を悪化させる。

感染流行の当初には、「感染したくないからデイサービスに行かない」という利用者も多かった。デイサービスは通所型だが、暮らしのなかにあるリハビリもレクリエーションも入浴も重要で、機会を失えば利用者は、筋力低下から身体機能の低下、フレイル、認知症の進行へと連動する。いまさらながら支援の継続がいかに大切かを知るが、事業所側にとってもコロナは大きな痛手となった。

利用控え→サービス提供中断→事業所閉鎖も「負の連鎖」だ。また利用者やスタッフが一人でも感染すると濃厚接触者も二週間の利用停止、数が多ければサービス提供停止になり、経営は逼迫し事業所閉鎖に至るケースも多かった。加えてスタッフの退職も痛かった。やむなく「受け入れ中止」も相次いだが、事業所がつぶれたら利用者は漂流するしかない。

東京商工リサーチ調べによれば、二〇二〇年の老人福祉・介護事業倒産は一一八件に達し過去最多を更新、業種別では訪問介護事業が五六件と半数近くを占め、同リサーチは「息切れ倒産」と書いた。休廃業・解散も同年一〇月現在で四〇六件と前年を上回っていた。「介護施設が危ない」「院内感染が怖い」「デイケアが休みに」。多くの介護施設では家族らの「面会は不可」になった。そうでなくても高齢者（世帯）はイザというとき「助けて」「SOS」を出すことは難しい。介護度が高ければ「在宅」も修羅場で、家族の「介護離職」も増えるなかで「負の連鎖」は悲劇を誘う。既に毎年一〇万人の介護離職者が生まれている。なんのための「介護保険」（公的介護保険制度）か、と現場が溜息をつく。

コロナで拡がる「寝かせきり」と「介護離職」、介護疲れから家族による虐待の恐れすら懸念される。二〇〇〇年に始まった「介護保険」の導入とともに、国は「在宅化」を進めてきた。「ハード面（施設建設等）は金がかかる」が国の本音だが、高齢者本人の言う「うちにいたい」を利用した、ねじれ施策だ。

分かっているだけでも我が国の要介護（要支援を含む）者数は六八二万人、うち三九五万人が「在宅」でなんらかの介護サービスを受けている（プラス地域密着型介護予防利用者八七万人——令和三年三月、厚労省）。

「ヘルパーさんも来れないって。どうしよう」——永年にわたってデイ運営に関わる医療ソーシャルワーカー（神奈川県）は、「介護を必要とする高齢のひとり暮らし、老夫婦、8050のお宅が、とくに心配ですね」。

「自助、共助、公助」が危ない

「自助」より公的責任

「だって、身寄りがなかったらどうなるのよ」と、ベテランのヘルパー（首都圏・前出）が憤慨している。

二〇二〇年九月。第九九代総理大臣に選出された菅義偉前官房長官は第一声で、「自助、共助、公助」が自身の政治スタンスと語った。「まずは自己責任で」「困ったら近所や仲間で何とかしなさいよ」「お上に頼むのは最後の最後に」といったら分かりやすいか。「自助」にみる自助努力と自己責任論は、施政者にとっては「セルフメディケーションの勧め」「健康は自己責任で」の読み替えになる。そこには「国民皆保険制度」も骨抜きにさせる狙いが透けてみえる。

公的な社会保障や社会保険が心配だったら民間の保険にでも加入すればいいじゃないか、

と念押しするかのよう。市井《しせい》の人々にとって重要なはずの公的な生活保障が何故脆弱《ぜいじゃく》か、などにはまったく関心がない。総理は福祉を地域に個人に丸投げし、公的責任の後退を宣言した。国策として国民の生命の選別、無視、放置を継承する、と言及したことになる。

「我が事　丸ごと　地域共生社会」。二〇一六年七月に安倍晋三政権（当時）が掲げる「骨太の方針」「ニッポン一億総活躍プラン」を受けて、厚生労働省が実現本部を設置。この頃は「自助、互助、共助、公助」の四つだったが、自治体への「互助」の強制に加えて、「丸ごと」は生産性と効率性を目的とする社会保障支出の抑制を意味するから公的責任の放棄になる、と障害者団体から強い非難を受けていた。

「我が事」は、家族内を念頭に置いた市場化への言い換え、福祉の社会保険主義の行き詰まりで、再びの互助化の勧めにすぎない。いまだって「公助」の仕組みはピンとこない。「自助」より制度の見直しだ。あまつさえ「裏金問題」が表面化し政治家の姿勢が問われているいま、「**政党が　先に公助を　受けている**」（朝川渡）が正鵠《せいこく》を得ている。

第2章

貧困と孤立

——貧困から孤立、そしてさらなる貧困へ

「八十路　五十息子を　案じてる」

「孤独・孤立担当大臣」誕生

二〇二一年二月。イギリスから遅れること三年、我が国に初の「孤独・孤立担当大臣」が誕生した。大臣誕生の瞬間とは、こんな具合だ（役職・肩書きはすべて当時のもの）。「コロナ国会」の参議院予算委員会。ある野党議員からの「……我が国でも孤独担当大臣を。いまはどの大臣が担当か」の質問に、菅義偉総理は一瞬戸惑うさまを見せたが、「（それは）厚労大臣」と答えた。慌てたのは閣僚席の田村憲久厚労大臣だ。田村大臣はコロナ対策で既に疲労困憊《こんぱい》の体だが、突然の指名だったらしい。「えーっ」という驚嘆の声をマイクは拾っていた（その後、担当大臣は変更され、坂本哲志一億総活躍担当相が兼務となる）。

「孤立問題」の先駆けは、イギリスにあった。二〇一八年一月に「孤独担当相」(Minister for Loneliness) が誕生。イギリスの人口は約六五六〇万人だが、うち九〇〇万人以上が「孤独状態にある」と同国の赤十字社が発表。六五歳以上の高齢者のうち約三六〇万人が「テレビだけが友達」で、そのことは「社会的損失」（「年間四・八兆円の経済損失」）になると報じた。

「孤独は、退職や離婚、配偶者の死亡など大きな転機に意識されやすく、適切なタイミングで支援が受けられない場合は、健康にも悪影響をもたらす。英国家庭医学会によると、孤独は肥満や一日一五本の喫煙以上に体に悪い。孤独な人は、社会的なつながりを持つ人に比べ、天寿を全うせずに亡くなる割合が一・五倍に上がる。若者の場合は、ソーシャルメディアのヘビーユーザーほど孤立度が高い傾向が見られた。六五歳以上に限ると、五人に二人がテレビか、ペットが『一番の友人』と答えている。」

（多賀幹子『孤独は社会問題』光文社新書）

一九七九年、サッチャー政権は民営化を促進する。経済拡大の陰で貧困者は八五年からの二五年間で五割増に。大手銀行はリーマンショック後に経営危機となり、イギリス政府は三七〇億ポンドの公的資金投入をせざるを得なかった。

イギリスもコロナの被害は甚大で、その背景には「高福祉」の後退があるとの認識が色濃い。一九四八年に始まり「ゆりかごから墓場まで」のフレーズでよく知られる税による社会保障制度（医療費は国営で賄い、福祉・公衆衛生は地方政府が担当）は一九七〇年代の国家経済の危機から陰りをみせ、サッチャー政権は「新自由主義」を志向し市場化・民営化を断行した。公衆衛生の予算は削減され続けた。

世界の公衆衛生のリーダーといわれた同国も、コロナ禍でマスク、防護服不足に喘いでいた。我が国と同様の皆保険制度である「国民保健サービス」（ＮＨＳ）は医療部門の人手不足で大混乱に陥った。二〇二二年一二月には、要入院者のうち五万人が自宅待機に、一般診療では七〇〇万人が数ケ月待ちと報じられる。

しかしイギリスの孤立は対岸の火事なのか。

『「つらい」が言えないニッポン』ということがいわれる。ＯＥＣＤ加盟国のうち二〇ケ国の比較で、社会的孤立者の割合では「トップが日本」と発表したのは我が国の厚労省だけに（二〇〇五年ＯＥＣＤ発表）、困惑は単なる心象ではなかった。

「いのちのライフラインにひとの手当てがない」という我が国の現状の決定的な欠陥は、即刻に大修繕が必須とコロナが教えている。なんにしても、「検査も受けられない」「医者にかかれない」「入院もできない」に、ひとは面食らい、途方にくれた。

そこでは、「ひとりとして取り残しがあってはならない」という生存権の保障の理念がグラリと揺らいでいる。

孤立は若年者にも

孤立は高齢者ばかりではなかった。

二〇一九年一〇月。神戸では孫が九〇歳の祖母を殺すというショッキングな事件が発生する。「大好きな祖母」を殺害したのは二二歳の孫で、社会人一年目の幼稚園教諭。長年、たったひとりで〝介護孤立〟の状態にあった。祖母は要介護4の認知症であり、孫にその場から逃れるすべはなかった。睡眠は日に二時間しかとれず、限界だったのだろう。現代では家族機能も揺らいでおり、「ヤングケアラー」の孤立した日々と事件の悲哀に世間の耳目が寄せられた。

政府は二〇二三年四月より、児童虐待、貧困、「少子化問題」及び「子どもの居場所づくり」を担う「こども家庭庁」を設置した。

だが追究すべき問題の本質は何か。孤立に至る背景、要因は複合的だが、そのほとんどが「貧困」と「ひきこもり」を生む風土に起因し、そこには効率優先のきしみが共通している。二〇一九年の内閣府の調査によれば、「ひきこもり」の推計人口は一五歳から三九歳までが五四万人、四〇歳から六四歳までが六一万人と発表され、話題になった。

首都圏の、福祉に関するある公的な相談機関では、相談者の訴え(相談)に始まり解決まで、活動内容は多岐にわたり専門的だ。担当者によれば、近年の傾向では「単身」「夫婦のみ」の老人世帯に加えて「８０５０世帯」(親が八〇代で子が五〇代の親子同居世帯)の増加に気づくというが、その場合、そこに「精神障害」「身体障害」「経済困窮」が加われば孤立状態に向かうケースが散見されるという。

「みえるバリアとみえないバリアの前で支援は一段と難しくなった」と現場は憂える。コロナ禍ではデイサービスやショートステイなどの利用控えも進んだから、「自宅で寝たきりになっていないか」といった、体調変化も心配された。

「**八十路　五十息子を　案じてる**」(のんさん)——当然、これとは逆の世帯もあるから、いずれにしても孤立の連鎖には歯止めをかけなくてはならない。

「二人だから大丈夫」ではない。共倒れが増えているのだ。

二〇二〇年一二月下旬、東京都板橋区。九一歳の母と六六歳の息子は、団地で孤立死した。発見は死後二日。死因は、母は脱水と加齢による機能障害、次男である息子は低栄養。ふたり暮らしは十余年で、生活は母の年金と別居する長男からの仕送りで賄っていた。

近年、「困難事例」が増え、ケースワークの仕事は「抜き差しならない」と担当者は話す。サービスの質と量の確保が要請されるなか、ニーズの多様化と複雑化が広がり、利用者と家族のメンタル不全は身体に影響を与えるから、相談範囲は広がりをもった。

「地域包括支援センターへ相談を」といった呼びかけの一方で、「連携というけれど」「情報共有といわれても」が現場の本音のようだ。同センターに案件を繋ぐことの多いケアマネジャーは、それ以前に「家族がいない」「家族が無理解で」「介護保険以外にどうするか」「絶対的なヘルパー不足に困っている」「成年後見人といっても（お金の）ある人のハナシ」「要介護から要支援になると介護報酬が下がるから」「事業所に断られるケースもあって」「利用者さんは本当に満足しているかしら」と、悩みは尽きない。

老いは孤立を誘う

働かなくてはやっていけない

「足が痛いから太るのか、太るから足が痛いのか」――某製薬会社のテレビCMは哲学的だ。

貧困だから孤立するのか、孤立するから貧困なのか、「**経済は　命がないと　守れない**」（よんぼ）という。二つは相互に影響するが、「お金がないから医者にかかれない」「老後の沙汰も金次第」は、すこぶる合点がいく。貧困と孤立はどう関わっているのか。「**老後より　今二千円　足りません**」（湯の華）――我が国の場合、「老いることは貧しくなること」が正直だ。

現在六五歳の年金受給開始年齢までの無収入期間の糊口《ここう》を凌《しの》ぐしかない高齢者は、雇用主から提示される、現役時代から大幅に引き下げられた雇用条件で再雇用に応じるしかない（六五歳以上の就労者は九〇九万人――総務省、二〇二一年）。

二〇一二年労働者健康状況調査によると、定期健康診断で「所見あり」と通知された労働者は三〇歳代で二七・一％に対し、六〇歳以上は四七・三％。その後の検査結果で「要再検査または要治療」の指摘を受けた六〇歳以上就業者は八七・四％だから、高齢就業者の多くが慢性疾患等を抱えていることが分かる。低下する一方の体力と老後生活の不安におびえつつ、大きく減額した収入で必死に老後生活の防衛に腐心しているのだ。

就労中の事故についてはどうか。労働現場は過酷な状況にあるといわれる。調べてみると、二〇二一年で全就業者の二一％を占める六〇歳以上就業者の労災での死亡は全労災死亡者八六七人中の三六八人、四二％を占める。厚労省調べでは、労災で休業（四日以上）に至った傷病者中六〇歳以上は三万八五七四人で全体の二六％を占め、一〇年前の一・六倍。しかもその数字も労災認定されたものだけで、会社の労災隠しで申請に至らない、あるいは「非該当」で泣き寝入りを余儀なくされつつ、ついには完治しないまま退職に追い込まれるケースは含まれていない。

もはや「働けるうちは働きたい」、「ボケ防止のために仕事を」といったレベルではない。働かなければやっていけないのだ。そこに、企業の労働力確保のために雇用継続を可能とした「高年齢者雇用促進法」（二〇二一年四月施行）が、丸くなった背中を押している。

老いることは貧しくなること

ＯＥＣＤが発表したFact 2010の相対的貧困率（所得が国民の「中央値」の半分に満たない人の割合）の国別ランキングでは、日本は加盟三〇ケ国中、メキシコ、トルコ、アメリカに次ぐ世界第四位の貧困国となっている（日本の数値は国民生活基礎調査〈厚生労働省〉による）。「先進国」ではアメリカについで第二位だ。二〇一八年国民生活基礎調査によれば、我が国の相対的貧困の基準は年間世帯年収が一二七万円で、それに基づく相対的貧困率は一五・七％。つまり日本人六人に一人、約二千万人が貧困ライン以下の生活で放置されていることが示された。

日本の状況についてOECDは、「OECD平均の一一％を上回る。相対的貧困率は、世代間では高齢者が最も高く、六六歳以上の約一九％に影響をもたらしている」と分析し、「日本は二〇〇〇年代半ばから相対的貧困率がOECD平均値を上回る状態が続いて」いるとしている。

二〇一九年全国家計構造調査（総務省）によれば、所得面からみた相対的貧困率は最も低い二五歳～三四歳（七・三％）から加齢に伴い上昇し、七五歳～八四歳でとりわけ高くなる（一八・三％）。なかでも同調査の世帯類型別の数値では、二人以上の六五歳以上複数世帯の相対的貧困率は一二・四％だが、六五歳以上の単身世帯の同貧困率は二九・九％と二倍以上になる。

我が国の貧困は高齢者がけん引している形であり、貧困な国民のなかでも、ひときわ貧しい状況に置かれているのが高齢者だ。すなわち、青年から老年時代に向けて相対的貧困率が上昇し、老いること＝貧しくなることに直結している。

深刻な高齢女性の貧困

日本の国民はライフサイクルの上で、男性は四〇歳代から、女性は三〇歳代後半から相対的貧困率が増え始め、男性、女性とも六〇歳代後半から急速に上昇していく。

「収入細る高齢独身女性、死別の三割貧困、賃金格差も影」（日本経済新聞チャート二〇二三年一一月一八日）——新聞はこう伝えるのだ。

「年をとって一人暮らしになる女性が増えている。死別や離婚で独身に戻る七五歳以上の層が人口に占める割合は二〇四〇年に七・四％に達する見通しだ。死別の場合は、収入は遺族年金頼みになりがちで相対的貧困率は三割に達する。経済的支えになる子どもとの同居も減っている。孤立が健康をむしばみ、介護など社会保障の負担が膨らむ懸念もある。」

二〇二〇年度末における厚生年金保険（第一号被保険者）の老齢年金受給権者の年金月

額階級別分布（基礎年金月額を含む）をみると、受給者一六一〇万人の平均受給額は一四万四〇〇〇円にすぎない。うち五三・七％にあたる八六三万人が一五万円以下で、とりわけ女性の場合は一〇万円以下が四九％、一五万円以下にすると九〇・八％が含まれる。この僅かな年金収入から税金、生活費、住宅費（家賃等）、医療費、介護費等を捻出《ねんしゅつ》しなければならず、多くの女性年金受給者が生活保護基準以下の生活を強いられている。

同年度末の国民年金のみの老齢年金（加入二五年以上）受給権者の年金月額階級別分布をみると、平均年金月額は五万一〇〇〇円。年金プラス生活保護が暮らしの現実だ。同受給者五四七万人のうち月額三万円以下は四五万人で、そのうち八九％が女性。五万円以下でみても、女性が占める割合は八四％であり、低年金者のなかでも女性に集中している。

また、我が国の貧困をみるうえで欠かせないのは「世帯」か「個人」かの課題だ。「世帯のなかに隠れた貧困」（『大原社会問題研究所雑誌』二〇二〇年五月）で京都大学の丸山里美氏は女性の不利益について、こう書いている。

「……シングルマザーや単身女性など〔が直面する困難は――引用者補足〕、女性が世帯主の場合の問題とみなされることが多い。ここには、一定の所得がある世帯主がいれば、女性は貧困に陥ることはないという暗黙の前提がある。しかし実際には、夫が一定以上の所得を得ていたとしても、世帯のなかでお金が不平等に配分されているために、妻（や子ども）だけが貧困に陥ることがある。従来の貧困研究では、貧困は世帯を単位に考えるのが一般的な方法であるため、このような世帯のなかで特定の個人だけが困窮しているという状態は、貧困とはみなされてこなかった。」

扶養控除、児童手当、健康保険などの税金や社会保障の制度においては、各種の措置は世帯主を対象に行われ、そこでは世帯を単位として行われることの疑問が棚上げにされてきた。その欠陥は老いを迎えるとき、そのまま高齢女性の貧困へと繋がる構図なのだ。

見守りのセーフティネットを

「年金の　庭が花から　ネギになり」

では、高齢者世帯の所得金額の実際はどうか。

二〇二二年国民生活基礎調査（厚生労働省）によると、同年の一世帯当たり平均所得金額は「全世帯」が五四五・七万円。これに対し「高齢者世帯」は三一八・三万円で「全世帯」の六割弱となっている。これは「高齢者世帯以外の世帯」の六六五万円に対しては五割に満たず、高齢者世帯は各種世帯のなかで一貫して低所得世帯に位置したまま推移している。

さらに、我が国の「国民負担率」（所得に対する租税や社会保険料等の合計の割合）は四七・五％（二〇二二年度財務省発表）だから、可処分所得はぐっと小さくなる。税金や年金、医療、介護保険料などの割合は約半分と多く、実際に手にするやいなや「公的負担」として払わなければならない。さらに年金暮らしの高齢者では、医療、介護保険料は予め天引きで支給年金から差し引かれているから、手にする前に消えている。令和の「五公五民」（江戸時代の年貢による負担率を指す）は、年金暮らしにも容赦がない。

そして、「**年金の　庭が花から　ネギになり**」（よしのまち）――食べられない花を栽培する余裕はない。貯蓄を切り崩していってもいずれ底をつくのは必至で、年金だけでは暮らせない。

つづいて、我が国高齢者のほとんどが加入する「公的介護保険制度」との関係はどうか。介護保険料負担の全国平均は一ケ月一人六二二五円（二〇二四～二六年度）で、二〇〇〇年度の同保険制度開始時の約三倍になっている自治体もある（最高額は大阪市の九二四九円）。これだけでも負担増の大きさが分かるが、介護保険第一号被保険者の所得段階別の内訳をみると、我が国の高齢者の貧しさが一層明らかになる。保険料徴収額は所得段階別保険料徴収基準によって無収入及び最も低所得の第一段階から第九段階までに分けられるが、内訳から浮かび上がるのは、第一号被保険者すなわち六五歳以上高齢者の圧倒的多くが低所得者で占められている事実だ。

第一号被保険者三五七九万人（二〇二〇年度介護保険事業状況報告）の七一・七％にあたる二五六五万人は年間所得一二〇万円以下の低所得層に入り、第八段階（年間所得二〇〇万円未満）以下とすると実に八六・二％が含まれる。このことは、低所得層高齢者から介護財源を徴収することで成り立つ国策としての「公的介護保険制度」自体の矛盾を浮き彫りにしている。

香典が出せません

香典が出せずに「縁が切れた」という。都内高齢者の見守り事情を調査する鶴岡哲夫氏（NPO法人シニアデック研究所）によれば、

「……自分が好むと好まざるにかかわらず高齢のひとり暮らしで、所得ぎりぎりの生活を余儀なくされている場合、限られた収入で何を節約するか、切り捨てるか。まずは付き合いのための費用、大げさには交際費です。香典が必要な通夜葬儀の出席を遠慮する。友人知人からの会食など誘いも他の理由をつけて断る。これが度々になれば誘いもかからなくなり友人知人も去っていく。また高齢になれば誰でも心身に支障をきたす。しかし高額な医療費の支払を考えると医療機関への受診もできるだけ我慢する。こうしてみると、交際費の節減は孤立化への第一歩、医療費のそれは孤立死への入り口かもしれません」。

さらに、貧困が高齢者の孤立化の大きな要因に間違いない、と同氏は続けた。

「貧困な高齢者がすべて孤立死するわけではない。死は平等に訪れるがその訪れ方は平等ではないから。家族に看取られて亡くなることもあれば、朝起こしに来たひとに死んでいるのを発見されることもある。家の外では交通事故で一瞬に命を絶つことだって。ひとり暮らしのため、死が見過ごされる場合もある。無縁社会が拡がっているいま孤立死をなくすことは難しい。でも、ひとり暮らしであっても、交際費、食費、医療費、介護費用を縮減せずに済む年金・生活保護があれば、そして近隣、友人との付き合いがあり、医療福祉介護のセーフティネットに繋がっていれば大丈夫、と思う。自治体対応では、見守りネットワークの充実が喫緊《きっきん》の取り組みですね。」

介護悲劇が頻発しようとも

貧困化が著しい単身高齢者

高齢者の生活困窮は深刻だ。

生活保護の周辺ではこんな厳しい数字がある。

「最低生活水準」（被保護世帯の平均収入）によると、被保護単独世帯の収入の全国平均額は一一五万円（月額九・八五万円）。しかしその水準に満たない単独世帯の貧困層は三一・四％にも達する。同様に、夫婦世帯、単身＋未婚子世帯、およびその他世帯は同じく一九二万円、夫婦＋未婚子世帯で二六一万円、三世代世帯で三一六万円をそれぞれ「最低生活基準」にして、高齢者のいる各世帯類型における、貧困層の出現率をみることができる（小池隆生「拡大する高齢者の貧困」『高齢者福祉白書二〇一九』全国老人福祉問題研究会）。

政府は「孤独・孤立や生活困窮の問題は、今後、独居の高齢者の増加に伴い、大きな課題となる」と予測するが、低年金や無年金のもと、形骸化した我が国の社会保障制度のもとで高齢者が生きていくためには生活保護制度に依拠するほかに方策はなく、同制度に集中するは当然。六五歳以上高齢者の生活保護率は上昇し続けており、高齢者世帯は生活保護受給世帯類型のなかで過半数を占める。

被保護高齢者世帯のなかでは単身世帯が九割以上を占め、単身高齢者の貧困化がとりわけ際立つ。

助けにならない保険制度

また「日本の高齢者は保険で殺される」は決してオーバーな表現ではない。「年金から介護保険料、健康保険料、住民税で二万円くらい引かれている。天引きで差っ引かれるものが上がっているのだから、堪《たま》りませんよ」（首都圏在住・八〇代男性）。

もともと保険制度に依拠する我が国の社会保障制度は脆《もろ》いから、老後生活の不安は払《ふっ》拭《しょく》されない。年金、医療、介護も、すべては「保険」だ。なかでも医療は世界に冠たる「国民皆保険制度」ゆえに、建前上は他とは差異がある。とはいえ七五歳以上の後期高齢者が加入する健康保険料の増額も始まっている。

年金では、国民年金保険料の納付期間延長が議論され、現行の二〇～五九歳の四〇年間を六四歳までの四五年間にする方針が伝えられている。そうなると、自営や六〇歳までに退職した人の負担は大きい。五年間の延長でおよそ一〇〇万円の負担増になる計算で、納付総額は七九六万円（四〇年間）が八九六万円（四五年間）になる。だからといって受給額が増えるわけではない。僅か一ケ月六万五〇〇〇円の受取額の上限はそのままだ。

「生きてるうちに取り返せない。これって国がする詐欺だよ」（前出八〇代男性）──年金は民間生保のような中途解約はないし、受け取る本人が単身で亡くなったら、支払われるはずの年金はきまって国庫のものと化す。

介護保険でも、国はこんな改悪を企んでいる──自己負担は二割に、ケアプラン作成の有料化、要介護1、2は保険外、公的老人施設多床型の室料負担など。自己負担が二倍になって「軽度」は介護保険の対象外となれば、家族の「介護離職」はさらに進んで共倒れは必至。だから介護悲劇の頻発は言うに及ばない。即ちこれらの改悪は、「あとは自治体さん、適当によろしく」という国による堂々たる自治体への丸投げだ。

ケアプラン作成の有料化では、介護サービスを得るに際して、利用そのものの「入り口」を狭くする。それにより利用控えが予測され、重度化を誘い、かえって介護の必要性が高まるという悪循環をもたらす。さらに「差額ベッド」にも似た追加徴収は、ようやく入れた相部屋にも及ぶ。他方、福祉用具でもレンタル廃止から買い上げへの変更が検討されている。当事者にとっては「歩行器があるので外へ行けて助かります」だけに、あまりに罪深い。

介護保険制度は三年に一度の見直しが規定されているが、その度に保険料は上がり、その度に使い勝手の改悪が続く。保険制度ゆえ限られたサービスになってしまうのだろうか、しかしこれではニーズからほど遠い「介護の社会化」だ。「……これって、もう保険制度じゃない。保険料をとっておいて、いざ使いたいときに使えないんだから」（同）。

若者にも貧困化が

藤田孝典氏は、自著『下流老人』（朝日新書）で「高齢者の貧困率は九割時代になった」と述べると、若者の老後についても貧困格差が顕著になる、と次のように記している。

「……現在の若者の多くは下流老人と化す。非常に残念ではあるが、これは避けようがない。非正規雇用がこんなに増えると誰も思わなかったし、婚姻率も下がり、老後を助けてくれる子どもも生まない、生めない人が増えてきた。家族の支え合いがこんなになくなるなんて、誰も予測していなかった。……若者は老後に対する不安から、貯蓄を優先し、消費を控える傾向が顕著に表れている。収入に頼りすぎず、支出を減らしていく方法で、生活を見直している。若者のこれらの行動が、既に実態経済に大きな影響を与え始めているのは周知の事実だ。もう大量生産・大量消費の時代は終わりを迎えたのだと思う。まさに成熟社会の到来であり、これまで獲得してきた資産や資源をどのように分配、利用するか、また少ない雇用や収入源をどのように分け合い、再分配していくかが問われるようになった。」

雇用不安、疎外感、合理化路線に取り囲まれ、周囲も無関心では「孤独と背中合わせ」というのもうなずける。施政者は貧困を作り出した社会政策の検証をしないから、結果として不幸をもたらす要因を「自己責任」と片付けて逃げたままだ。

第3章

「個」と自己責任

「限界家族」が増えるわけ

「私、身元保証人いないんですけど」

「無縁社会　軽い死　真相ただす人もなく」（毎日新聞二〇一九年一二月一八日）――二年前の病棟内の風呂場。心肺停止の不審死の「おっちゃん」は身寄りのない高齢患者で、病院の不正死亡診断で死因を肺結核と診断された。そのうえ病院は「おっちゃん」を実験台に服薬支援の効果を学会で発表していた、と伝える。

新聞によれば、院内での事故死の疑いがあるも同病院は持病の肺結核と診断、なんと「服薬支援の成功例」として学会で発表していたのだから驚愕《きょうがく》する。患者は当時七二歳の男性で、身寄りはなかった。地方出身で集団就職、のちユーターンするも四〇代で出稼ぎに出た。六〇歳まで働き以後は年金と生活保護を受給し、三万円のアパートでひとり暮らし、演歌が好きな懐っこいひとだった（友人談）。大阪の永代供養墓に無縁仏として納骨されたが、「緊急連絡先」には郷里の兄の名前があった。

単身化が進行し、同時に孤立状態にあるとき、「身寄りなし」になることは珍しくない。

二〇一七年時点で「無届老人ホーム」は全国に一二〇七ケ所、うち七割が病院やケアマネジャーから身寄りのない高齢者を紹介されている。公的な施設は不足し、有料老人ホームは高額で入居は難しく、確かな支援がなかったら、行き着くところは「ここしかなかった」。

時代は、少子高齢化に加え単身化が進み、生涯未婚の人も少なくない。昨今の墓参では「代行ビジネス」も登場するが、「どこの墓にはいるか」が、かつては単身高齢者の最大の悩みだった。と同時に「保証人」の必要があった。「身元保証人」がいないと、アパート入居も、入院も、ホーム入所も、ままならない。

住居では、受け入れ先の「家賃が心配」「孤立死があっては」というニーズに対応するため、入居時に連帯保証人の役割を担う「家賃保証会社」へ加入し「保証料」を支払うことで賃貸条件とする物件が増えている（独立行政法人都市再生機構〈UR都市機構〉の住宅では不要）。入院先では緊急時の治療方針の判断を迫られる場合もある。入院した入居者にいつ判断能力の低下が生じないとは言い切れない。いずれも、「（入居者、入院患者に）何かあった時の連絡先を」が本音のようだ。

兄弟姉妹も自身同様に、「年はとるし、先に死んでしまうこともある」。いつまでも身元保証人でいてくれるという「保証」はないし、「いるけれど高齢で頼めない」「いるけれど疎遠で」「いたけれど亡くなって」「新たに頼める親族はいない」と、血縁の薄れが一般的になった現代。慶弔時や盆暮れの付き合いだけはしているものの、それとて「親がいるあいだは」で、代替わりを契機に「もう縁は切れました」という家族は少なくない。

身寄りがなくても安心して「住める」「医者に掛かれる」「ホームに入れる」は贅沢《ぜいたく》なのか、それも「自己責任」か。国（厚生労働省）は、病院や介護施設が身元保証人不在を理由に入院や入所を拒否することを認めていないが、「手続き」を求めることは禁止していない。「身元保証」を担うところは行政の許認可も不要で、そもそも監督官庁もない。「保証会社」もいろいろだ。自治体窓口が「厄介な案件」を「貧困ビジネス」に丸投げし、社会問題になったことがある。

住まいの確保は、生活保護と並ぶセーフティネットだ。近年では厚労省も、「支援に関するガイドライン」（二〇一九年五月作成）で身元保証、身元引受等の機能を謳《うた》う。それを受け、自治体、社協、NPO法人などが「保証人」に手を挙げている。

医療の場合は身元保証人がいないことを理由に入院拒否をすることは許されない。特養や養護老人ホームなど公的な施設への受け入れでは、老人福祉法に規定する「措置」制度の出番となることもある。行政に「措置控え」などあってはならない。近親者のいない時代には当然の公的支援といえる。

我が国は単身世帯が主流になった。単身世帯支援のカギは「住まいファースト」だ。「身元保証人の取扱」についてと称する通達がある。やや長いが引用しよう。

「介護施設等における身元保証人党の取扱について」

「……（略）……介護施設等に関する法令上は身分保証人等を求める規定はない。また、各施設の基準省令において、正当な理由なくサービスの提供を拒否することはできないこととされており、入院・入所希望者に身元保証人等がいないことは、サービス提供を拒否する正当な理由には該当しない。介護施設等に対する指導・監督権限を持つ都道府県等におかれては、管内の介護施設等が、身元保証人等がいないことのみを理由に入所を拒むことや退所を求めるといった不適切な取扱を行うことのないよう、適切に指導・監督を行っていただきたい。」（厚生労働省高齢者支援課　全国介護保険・高齢者保健福祉担当課長会議二〇二三年三月七日）

単身者で「身寄りなし」は入居に関する契約から忌避されやすい。自治体には「契約弱者」への支援が求められる。

少子高齢化と家族の変容

大量生産大量消費は、終わりなき拡大再生産を目指すから基本的にスピードを求める。「生産性」は丁寧なモノづくりを嫌い、行き着く先は疑うことなき「費用対効果」（コストパフォーマンス）に尽きる。「生産性」は、ひとの所作の画一化を強制し、そうでないものは排除する不寛容な社会をつくる。「生産性なきは人にあらず」との言説がなされ、それは子供の有無をも対象とするから呆れた。

「子供を作らないのは生産性がない」と、驚きの発言をした杉田水脈《みお》自民党衆議院議員の主張はヘイトスピーチに他ならない。単にLGBTを槍玉にあげただけではなく、発言内容は優性思想に繋がることから、国内外で人権問題として報じられる事態になった。

杉田氏の差別観は、子供が出来ないあるいは子供は要らない、さらには生涯独身のひとびとも非難するだけでなく、対象は「生産性のない」障害者や高齢者に及び、そういったひとびとを社会から排除しようというもの。種馬でない（なくなった）男は、産め（産ま）ない女は、そろそろ殺して食用に回すか廃棄がいいといわんばかりだ。ぞっとする優性思想は二〇一六年に発生した「津久井やまゆり園事件」とも通底する。同事件の容疑者は「社会に必要ない」「役に立たないから」と、施設に入居する障害者一九人の命を平然と奪った。

女性の出産退職は年間二〇万人（二〇一八年八月第一生命調べ）との発表があった。待機児童問題では保育所不足は深刻で、「子育て環境」も、いまもって確保できずにいることが明らかになった。子供を持ったカップルにもそんな仕打ちが待っているのに、今度は子供をつくらない、できないふたりに対し、差別の眼は「生産性がないから」を口実に攻撃する。

我が国の不妊女性には、「不生女」（うまずめ――「石女」とも書く）と呼ばれ長い間世間から差別された歴史があった。沢山の女性が子供を産めないことを理由に不条理にも離縁された時代があったことなど、杉田氏は知る由もないだろう。杉田氏は、「男女平等は反道徳の妄想《もうそう》だ」「完璧に男女平等というなら男に子供を産んでもらうしかない」が持論だから、「保育所増設は日本の家族を崩壊させる」とも発言する。

ひとのライフスタイルは多様であり、子供を持つも持たないも当該の「ふたり」の問題で、ふたりの決めごとに国家が介入すべきでない。そのことは人権無視、自由はく奪にあたるのはもとより、議員の行動規範でもある憲法第九九条（「天皇又は摂政及び国務大臣、国会議員、裁判官その他公務員は、この憲法を尊重し擁護する義務を負ふ」）にも反する。

「産めよ増やせよ」は戦時中の日本軍の兵士づくりのための国策だが、「生産性」発言はそれと同様の発想に基づくもので、政権維持のために殉職するほどの「労働者」がほしいのだろう。なにしろ「Karoushi」で知られる国だ。「一億総活躍時代」（安倍晋三首相＝当時）の掛け声に対し、子を持つ親が保育園入所もままならないことに怒った「ニッポン死ね!!」は続いている。現代は、旧民法時代の家（いえ）主義から脱却した家族観が根付いたものと思いきや、「産めよ増やせよ」「婿《むこ》を取れ」「いえが途絶える」という価値観は根強く残っている。

「限界家族」とは、家族機能の崩壊寸前を意味する言葉だ。長寿は喜ばしい一方で、長寿に伴い介護のある暮らしが当たり前になって、都市への人口移動で地方では「**人材の供給終えて　今は過疎**」（高橋春雄）だ。

少子高齢化の進行と家族形態の変化はどうなっているのか。「**お茶碗が　二個五個そして　また二個に**」（よしのまち）という。

国の発表では、核家族の下、世帯の縮小化は進行し、一世帯平均人員は二・二五人（二〇二二年六月現在）で全世帯数は五四三一万世帯だ。「老老」世帯、単身世帯も少なくない。高齢の親と子の「８０５０世帯」（八〇歳代の親と五〇歳代の子の二人世帯）、「９０６０世帯」（九〇歳代の親と六〇歳代の子の二人世帯）も増えている。とくに単身化は著しく、世帯別では、ひとり世帯は一七八五万二千世帯（全世帯の三二・九％）で、夫婦＋未婚の子世帯、夫婦のみ世帯と続く。さらに高齢者の単独世帯は八七三万世帯（高齢者世帯の五一・六％）と伝える。

もはや夫婦と子ども二人から成るそれは「モデル世帯」と呼べず、抜本的な制度設計見直しが指摘されるが、我が国では「家族は含み資産だ」の言説が依然なされる。老夫婦はひとり暮らしの予備軍だが、いくら愛し合おうと死ぬときまで一緒にするとなれば「心中」だ。

戦後七十余年のいま、家族の形態は大きく変わった。なぜ血縁は薄れたのだろうか。世帯の変遷によって、気がつけばひとは「ひとり」となる。単位の縮小に伴い、「家族はいません」はもはや不思議なことではない。「呼び寄せ老人」といわれるように、子が親を引き取るケースもある。「ファミレス」（ファミリー・レストランの略）は「ファミリー・レス（家族はない）」だ、と評論家の樋口恵子氏は皮肉った。

「見守りから死後まで」と、ひとり暮らしへのサポート事業が始まった。都内の自治体の一部では、社協（社会福祉協議会）が入退院の支援から、後見、埋葬事務まで、「老い支度」の整えを支援する。

「扶養の社会化」こそ

「ヤングケアラー」と「老老介護」

近年、「ヤングケアラー」の存在が明らかになった。厚生労働省の「ヤングケアラー」調べ（令和三年）では、家族の介護・世話をする子供は中学生の一七人に一人、高校生で二四人に一人、つまり一学級に一人から二人いる計算だ。彼らの回答からは、「宿題や勉強時間がない」「自分の時間が取れない」「精神的にきつい」「相談しても」と、孤立した介護実態が垣間見られる。ケアの対象は「きょうだい」「父母」「祖父母」の順で、「困っても相談できない」「相談しない」という。一五歳から一九歳で全国に三万七一〇〇人という調査報道（毎日新聞二〇一七年）もある。

ケアの「自助」が介護者を孤立させる。少子高齢化、核家族、共働き、ひとり親世帯増など、世帯単位の縮小と暮らし向きの変化は、家庭環境を変貌させた。「ヤングケアラー」という言葉もイギリスで生まれたものだ。イギリスでは一九八〇年代から話題となり、「ヤングケアラー支援法」（二〇一四年）を制定していた。

我が国は「ヤングケアラー」の存在を知ったばかりだ（二〇二四年六月ヤングケアラー支援法成立）。「老老介護」を「シニアケアラー」とは呼ばないが、家族の中で、たまたまだれかが家族介護の任につくという点では一緒と言える。少子高齢化と世帯の縮小は介護を担う家族を固定する。そのときに、だれが「うち」に居る（居た）かによって、である。つまり、「ヤングケアラー」も「老老介護」も「８０５０世帯」も根は一緒だ。

一部の専門家は「ケアする側の支援を」と称して「早期発見が大事」「ＳＯＳを発信して」といい、厚労省と文科省の共同プロジェクトは「ヤングケアラーに家事支援を」と提言するが、その支援はケアする者を固定し、もうひとつの介護悲劇の呼び水にならないか。ここにも家族介護の限界が潜んでいる。

我が国では少子高齢化に加え単身化も進む。貧困と格差社会がひとの孤立を誘い「孤立死」との関連から「老後格差」が紹介される。団塊ジュニアが六五～七〇歳を迎える

「二〇四〇年問題」に介護や医療のインフラが追いつかないとの国の見通しは、ひとり暮らし予備軍の「老老世帯」にも前兆として現出する。

施設に入れない、自宅にもいられない、といったジプシーのような暮らしが「孤独死」と決して無関係とは言えない。毎日が綱渡りでやっとなのに「SOS」を発しないのか、発せないのか、「無縁社会」は当事者の「迷惑を掛けたくない」を助長する。

危うい家族介護の実相は「ヤングケアラー」の存在で、より知られることとなった。かつて標榜された「介護の社会化」は風化してしまったのか。当該家族の孤立は介護悲劇を誘う。

家族から社会へ

「消えた高齢者（問題）」という言葉を憶えておられようか。首都圏各地で、住民票上は存在するも生存や所在がはっきりしない高齢者がいる、という事実が明らかとなり、行政サービスの基礎となる住民票の管理も含めて社会問題となった（二〇一〇年）。

東京二三区でも、緊急の安否確認が民生委員、職員らを動員して行われた。たとえば荒川区では、次のような取り組みに着手していた。

二〇一二年四月、「高齢者見守りネットワーク事業」を開始。目的は、区と関係機関（民生委員・町会・社会福祉協議会、消防・警察・配食業者・緊急通報システム業者、新聞販売店）が相互に連携して高齢者を見守る活動のネットワークを構築するというもの。理念としては、高齢者の孤立感を解消し住み慣れた地域で対応できる仕組みを整備する。区が直接行う事業では、「配食見守りサービス」（有料）、「緊急通報システム」（同）、「緊急医療キット配布」を実施。登録に際しては、年二回の民生委員の訪問見守りだけを選択することも可。

事業対象者は、①七五歳以上の一人暮らしの高齢者または高齢者のみ世帯にあるひと、②介護保険における要介護3以上の認定を受けているひと、③その他日中ひとり暮らしの高齢者で介護、見守りが必要なひと。

実施方法は、見守りを希望する高齢者を「見守り名簿」に登載、それを関係機関に配布して情報共有、声かけ、見守り、緊急時対応などを行う。区では登録の際、個人情報をネットワーク内に提供するための「同意書」をも受領している。二〇一四年度末で四九六一人が登録しており、これは同区在住の高齢者のうち一〇％台にあたるという。

実践機関は「荒川区高齢者見守りステーション」。地域包括支援センターに併設され、同区では二〇一五年度末で八ケ所。相談、実態把握、安否確認、見守りネットの構築、関係機関等との連携・支援、民間緊急通報システムや配食事業の利用推奨、発信情報に基づく事態把握に努める。

ここでは未登録者の相談も常時受け付けている。希望により電話、訪問に始まり、ときには虐待、生活困窮といったケースもあるという。面会や支援が拒否された場合には日を改めて再訪する。次の訪問や支援の参考に記録を保持する。さらに「見守りガイドブック」（民生委員）を作成し、町会や高齢者クラブでは「見守り講座」を実施するなど、きめ細かい。無縁社会が拡がるなか、これらの試みは医療・介護・福祉に繋げる接着剤の役割を持つようだ。

東京の下町には町会、自治会は健在と言ってもよいかもしれない。ただし役員の高齢化、町会未加入者増、空き家問題、住民の高齢化など課題も存在する。

一方、企業社会に目を転じれば、「運動会」「お花見会」「〇〇祭り」……、季節ごとの会社催事に参加する社員と家族たち。恒例となり「我が家」が楽しみとする、年中行事のひとつだった。「会社は一家」を象徴するこれら行事は、終身雇用の下で、会社への帰属感をも醸成《じょうせい》していた。「社縁」は定年後も続いた。時代背景に鑑みれば、今日のように多種多様なレジャーを個人が自由に選択するといった価値観は未だ高まっておらず、労働者の余暇やレクも「会社あって」のことだった。

国や自治体がなすべき公的福祉の部分を、家族や会社単位で担う時代があった。医療史学者の新村拓は「……家族機能の弱体化にともない私的扶養能力は低下するが、扶養を社会化し、それを政策として実施する義務を担うところに国家の存在理由があるわけだが、中世の国家は老人扶養を地縁という共同体に義務づけることによって、国家が負うべき責任を回避していたのである」、「中世社会における老人は前代同様、子や孫を中心とする血縁の者に扶養され、またそうあるべきであると考えられていたが、その行為を支えていたのは肉親の情と孝の論理であった。孝の論理を民衆の中に定着させることが施政者の福祉施策であった」（新村拓『老いと看取りの社会史』法政大学出版局）と記している。

「介護の社会化」という言葉があるが、「扶養の社会化」という語はない。前者は我が国の高齢社会到来を前に「家族の介護」から「介護の社会化」への転換を謳った二〇〇〇年の介護保険制度発足時の理念が先駆けだが、扶養への関心は選挙時の公約だけ。しかも少子高齢化と単身化は両者とも同一の土俵だから、扶養もまた「家族から社会に」移行しなくては国策の制度設計上もアンバランスといえる。

保育所の充実、教育費負担軽減は端緒に過ぎない。自立や介護が家族の「自己責任」ではないように、保育についても「それは、そのお宅の問題ですから」は、通用しない。「社会化」への青写真と施策の用意が求められる所以だ。

すべては「自己責任」という

「自己責任」は施政者にとって便利な常套句だ。貧乏になったのも病気になったのも「自己責任」で、かたをつけようとする。

「生活習慣病は個人の努力で」「たばこで肺がんになっても」は、その代表格だ。ある元国務大臣は医療費と絡めて自己責任論を持ち出すと、続いて障害者へも「産んだ親の責任」と言及し、さらに高齢者には「長く生きてもらっていても……」と言い放った。

だれも進んで病気になろうとするひとはいない。にもかかわらず個人主義が「自己責任」に変質していった。個人主義はエゴとは違う。「自己責任」の文脈では、震災だってコロナだって「自己責任」でそうなったかのように語られかねない。

震災の復興住宅も期限切れで出て行けといい、他方で孤立死が報じられる。「自己責任」

とはだれがだれに対してなにを目的に発する言葉なのか。「**政治だけ　自己責任が　ないらしい**」（よんぽ）は言い得て妙だ。

同時代にあって、家族の姿もいろいろだ。

二〇一五年三月一五日　大阪市。八〇歳の母が生まれつき知的障害を持つ五四歳の長男を絞殺した。夫は認知症で施設に入所中。それは長年の介護に疲れた末の事件だ。

二〇一八年二月二六日　茨城県石岡市。残金八〇五円。認知症の八六歳母の生活保護を求めなかった五八歳息子が絞殺。事件後、家族のことを言えなかった、と息子が告白する。

どちらも介護疲れによる家族の悲劇だ。親が子をみるとき、子が親をみるとき、そこにも世間は「自己責任」の眼を注ぐ。当事者は介護を隠して孤立状態になり、疲れ果ててその日を迎えるから遣《や》り切れない。先が見えない不安のうちに段々と喪失感に浸かってしまうから、孤立と喪失感の関係ははるか先まで深い。

深夜バスでの帰郷

旧日本住宅公団（現UR都市機構）が設立されたのが一九五五年（昭和三〇年）。公団団地は高度経済成長へと歩む象徴だった。六畳＋四・五畳＋DKの2DKは約四〇平方メートル、エレベーターなしの五階建てが一般的だったが、当時「団地族」といえば木賃アパートからの脱皮ができる、と羨望の的で、入居は抽選による狭き門だった。

あれから半世紀、建物も老朽化が目立ち始めていた。当時急いでつくられた多くの学校も、子どもの減少で廃校になっていた。いま、まちでは幼稚園バスよりも「高齢者送迎中」の送迎バスの方が多い。

「宅配送骨」をご存じだろうか。郵便局の「ゆうパック」に遺骨を詰めて、永代供養墓を持つお寺に送り埋葬してもらうサービスという。また一方で、「直葬」の時代になっているとか。人の死後、葬儀をせずに火葬場へ直行という形だ。葬法も時代の変化とともに様子を変えたのか。

歌は世情を如実に表すものだ。『東京砂漠』は「ビルの谷間」「人の波」にあって愛するひとへの思慕を切々と語る。歌は内山田洋とクールファイブが唄って大ヒットした（一九七六年）。

言うまでもないが、ここには、映画『ＡＬＷＡＹＳ　３丁目の夕日』（二〇〇五年）のような情景はない。この映画の描く当時、「集団就職」「出稼ぎ」はごく身近だった。地方では「父さんが帰ってくる」と子どもが小躍りしていた。しかし都市への人口集中は進み地方へ「ひと」が戻ることはなく、過疎化は進み、地方の産業も文化も、著しく衰退した。

半世紀を経過した、令和の東京新宿の、夜のバスターミナル駅。「**夜行バス 昔スキー今介護**」（双子織）だ。「介護帰省」か「遠距離介護」か、中高年の男女が大きな荷物を抱え遠距離バスへと乗り込む。深夜バスは高速道路をひた走り、早朝に目的地に着くと人々はめいめいに別のバスかタクシー利用で親が待つ実家へと向かう。深夜バスは料金が鉄道運賃の半額、それゆえに頻回なら欠かせない選択だ。

「郷里の母に会いに、それと締め切った実家の窓開けと近所へのご挨拶です。母には、以前に何度もこちらへこないかと声をかけたこともあるのですけど、ここを離れるのは絶対に嫌！とガンとして受け付けなかった」と六〇代女性。いまその九〇歳を超えた母は、実家に近い介護施設で暮らし始めたと話す。

「個」と「孤」は違う

「私のときは、私はいませんから」

二〇一一年から二〇二〇年の一〇年間で、岩手、宮城、福島三県の復興住宅での「孤独死」は六一四人という。なぜ孤立したのか。住み慣れた町、見知った人、蓄積された営みを喪失し、先の見えない避難先での生活はもう望めないという諦念から絶望に至ったのか。避難生活という非日常が一過性ではなくなり、とっくに日常になっていた。

天袋にあるものを取り出そうと、女性は近くにあった椅子を取り出し勇気を奮って上ったものの、ドスンと音を立て落下。がらんとした部屋でしばらくは起き上がれなかった。夫が生前は、その「仕事」を頼んでいたが、いま女性は八〇代後半の独居。誰が呼んでくれたのか、気がつくと救急病院のベッドのひとに。高齢の股関節骨折は、やっぱり「寝たきり」になっていた。

気丈イコール自立ではないはずだ。では、日々の営みで「助けて」と言える土壌はあるのか。言わないのか、言えないのか。「そのひとことに勇気がいるんです」というひとは多い。多くの高齢者はきまって「迷惑を掛けたくない」という。

「自助努力」や「自己責任」という語が怪しい。「納税もしました」「〇〇もした」「△△もした」、なのに「迷惑をかけたくない」と、いかにも危なげな「気丈」の姿勢がうかがえる。「遠慮」「気兼ね」「世間体」と、どれも湿っぽい。なぜ、そうまで萎縮するのか。

高齢者の「ひきこもり支援」には何が大切か。「外出をもっと楽しもう」は掛け声だけか。「高齢者の交遊関係は先細り」というが、交際費は惜しみたくない。けれども優先順位は低くなりがちだ。年をとって生きることが楽しくなる術はないのか。とっくに家意識は変わっただけに「家から個人へ」の再認識が急がれる。

自身も永年にわたり夫の介護を経験し、先頃見送ったばかりのノンフィクション作家の沖藤典子氏は、こう語った。「私のときは、私はいませんから」。

「ひとり」で生きるということ

「個」と「孤」は違う。

「うちでも個室なのに病院や施設の多くは相部屋です。プライバシーも何もない。着替えもオムツ交換も他人の前でするなんて。日本の医療も福祉もこれだけでも貧弱でしょ」と、特養の管理者（首都圏）が話す。

介護施設でも、相部屋から個室化までに半世紀を要した。歴史的には「家」主義の縛りからの解放が自由・平等の個人主義。人間一人ひとりの尊厳に基づく理念は、個の尊重であり利己主義とは異なるが、個人主義はその誤解の下で悪者視されてきた。個は民主主義の誇りだ。

「ひきこもり」には理由がある。どうして社会性を拒むのか。「ひきこもり」と孤立もコインの裏表で、社会性を忌避することは孤立の状態像にある。

広義には貧困と「ひきこもり」も社会生活における状態像だ。前者は暮らしとお金で測られ、後者は社会参加を指標とする。「子どもの貧困」は親の貧困により「負の連鎖」として紹介されるが、「ひきこもり」はどうか。

孤独を楽しむひとはいるが孤立を楽しむひとはいない。孤独は文字通りの「ひとり」だが、孤立は社会性なき「ひとり」だという違いがある。暮らしにおける格差とは即ち弱肉強食だけに、社会的弱者は社会的孤立に陥りやすく、たちまち社会的な排除にも遭遇しやすいのだ。

第4章

行政だからできること

高齢者とシステム

「見守り」「居場所」「つながり」「連携」の重要性

この国から、「お互い様」「居場所」「機会」を奪ったのは誰か。ひとが困りごとを相談するには「勇気」が必要だが、貧困状態のひとが簡単に声を上げられるか。また、「場所」と「機会」は点検しているのだろうか、必要なら速やかに修復がなされているか。

支援は無機質な〃あてがいぶち〃であってはならない。切り捨てられたひとは社会サービスにたどり着けないのか、たどり着かせないのか、困難に直面しているひとが助けを求められずにたじろぐのはなぜか。ＩＴ化が進められている現在、システム弱者をつくらないためにどうするか、そこに見落としはないか。

自立支援には継続性が必要で、ひとは、ひとの繋がりのなかでこそ生きている。ひとり暮らしイコール孤立ではない。「生き甲斐より居甲斐だよ」。取材で出会った九〇歳男性は筆者に呟いた。

さて、孤独孤立の「解消」に向けて、国は基本方針として「４つの柱」を発表した（二〇二一年一二月）。基本理念は「当事者の問題ではなく社会環境の変化が背景にある」としたうえで、当事者を含めた情報発信の強化、地域での居場所づくり、NPOなどとの連携強化を謳い、省庁横断で取り組むと発表。お役所でも、ようやく「孤独は自己責任」を乗り越える段階に入ったことが認識されたかに思われる。その具体的な内容は次の通りである。

孤独・孤立対策の基本方針

(1)　支援を求める声を上げやすい社会とする――①孤独・孤立の実態把握、②支援情報が網羅されたポータルサイトの構築、タイムリーな情報発信、③声を上げやすい環境整備・「支援を求める声を上げることは良いこと」等の理解・機運を醸成

(2)　状況に合わせた切れ目ない相談支援につなげる――①相談支援体制の整備（電話・SNS相談の二四時間対応の推進等）、②相談支援の人材の確保・育成等の支援

(3)　見守り・交流の場や居場所づくりを確保し、人と人との「つながり」を実感できる地域づくりを行う――①居場所の確保、②アウトリーチ型支援体制の構築、③保険者とかかりつけ医等の協働による加入者の予防健康づくりの推進等、④地域に

における包括的支援体制の推進

(4) 孤独・孤立対策に取り組むNPO等の活動をきめ細かく支援し、官・民・NPO等の連携を強化する——①孤独・孤立対策に取り組むNPO等の活動へのきめ細かな支援、②NPO等との対話の推進、③連携の基盤となるプラットフォームの形成支援、④行政における孤独・孤立対策の推進体制の整備

「4つの柱」は、官・民・NPO等の取り組み指針が中心で、その内容は、関係者間でいわれてきた「見守り」「居場所」「つながり」「連携」に集約されている。ところで、(1)では、なぜ「助けて」と言わ（言え）ないのか、(2)では、なぜ支援の中断があるのか、(3)では、なぜ「縁」が切れたのか、(4)では、そもそもなぜひとは孤立するのかなど、孤立化する社会的背景の根幹の評価が抜け落ちている。列挙された項目は、「発見対策」を主眼にすえた、対症療法的な各論編になっていないか、が問われる。

「孤独・孤立」対策の動きは、コロナ禍で顕在化した「ヤングケアラー」「子どもの貧困」「8050問題」「ダブルケア」で加速している。

政府も「社会問題としての孤独・孤立」を認識すると、その対策に本腰を入れることになった。「孤独・孤立対策推進法」（二〇二四年四月施行）、「改正こどもの貧困解消法」（二〇二四年六月成立）と相次いで法制化を進めている。その前には「孤独・孤立」は教育、貧困、介護という各々の分野が複合的に絡んでいることから取り組みの前提となる「重層的支援体制整備事業」を開始していた（二〇二一年四月から）。そこでは自治体の縦割り行政の除去から「ワンストップ窓口一本化」「断らない相談支援」などを目標とする。「ワンストップ」については既に「改正社会福祉法」（二〇二〇年六月）を成立させていた。また政府はＮＰＯ支援団体等と連携して「官民連携プラットホーム」もスタートさせている（二〇二二年二月）。二〇二三年四月には「子ども家庭庁」が発足している。

システムの無人化

あるカード会社のテレビＣＭである。

「カード使えますか？」

「カード？　あぁ現金だけなんで」と答えるバーの店主に、

「じゃー、いいです」と、サッと背を向けて出ていった一群は、外人客。

店主は、溜息をついて後悔した、といったふうだ。

現金決済ではない「キャッシュレス」を勧める「エアペイ」（スマートフォンを用いてする決済方法のひとつ。ＡＩＲペイ）の宣伝だが、カード社会発足から二〇年が経つ「キャッシュレスの時代」とは、こうして浸透させていくらしい。

また、首都圏の、大手スーパーのレジでのこと。

カウンター越しに店員は客に「お会計はカードにされますか」と聞く。話しぶりはいたって事務的だ。

消費とは「品物」と「現金」が直接に交換されるものと疑わない客は、なにげない問答に戸惑っている。街中の店舗の入り口に「ＰＡＹＰＡＹ使えます」は、もはや珍しくない。「スマホ決済」という名称のそれは、「スマートフォンを指定するバーコードリーダーにかざすだけ」で支払い決済されるというもの。支払いカウンターに取扱い方法を表示する店舗も増えている。

都会でのシステムの無人化は、駅の改札口で経験ずみだ。

無人改札が導入された当初の「怖かった」「流れについていけない」からおよそ四〇年。駅員がいる側を「有人改札」といい、そこでの事務室の窓からの「どうかしましたかぁ」

も日常の光景になった。

無人化は過疎地のローカル線駅ばかりではない。一九八〇年代後半からの国鉄民営化に端を発する合理化路線は無人化とICカード化をセットで進め、二〇二〇年三月時点で無人駅は全国九四六五駅中四五六四駅、四八・二％に上る（国土交通省調べ）という。利用者は否応なく「ベルトコンベアーの荷」となり、「新しいシステム」では、少々の操作ミスにも「ピポ、ピポ、ピポ」と関所破りする罪人であるかのように狙い撃ちするからたまらない。清涼飲料水の自販機が急増し、駅構内から半数近くの「水飲み場」が撤去されている。

日常の小さな消費行動だけとっても、高齢者にとっては「ルールが分からない」「身体が利かない」「表示が読みづらい」。街中の機能、システム、構造すべてが、自分たちがつくり慣れ親しんできたものでなくなってきているのだから、戸惑いももっともなこと。高齢者は急激な街の変化についてゆけず、ささやかな行動すら拒みがちになる。無人化、スピード社会が都市機能のすべてとなっている都会では、個人店舗での消費すら姿を消そうとしている。

たかが回覧板、されど回覧板

高齢者だけではない。時代の「進歩」は、誰をも人間疎外に陥らせるものなのか。「多様性の時代」と言いながら一方では誰もが画一的、均質的なシステムに合わせるしかない矛盾した社会に、映画監督の紀里谷和明氏が憂えている（『ＵＬＭ』二〇二一年四月三日）。

「最近の東京を僕は面白いと感じません。雑多で混沌としたパワーを持っていた街はいま、何もかも整備されてデザインされてしまった。それこそシステムに牛耳られているように僕には見えます。」

「……情報通信技術（ＩＣＴ）が発達した二〇二一年は、知ろうとさえすれば誰もが知ることの時代。しかし、あるいはだからこそ、多くの人はいっそう自身の思考を停止させてしまうという矛盾を現代社会は抱えています。」

システムが、誰のため、どこを向いているのかわからない。そのことと、孤立との関係性は深い。

行政のシステム不全は、「わからない」「わからせない」「使えない」「使わせない」の連鎖だ。「ひとり暮らし高齢者」「老老世帯」「８０５０世帯」のいまはどうか。ひとのライフサイクルの変化に応じて、各々の現在をどう公的に支援するか。ふたりがひとりになったなら「ひとり暮らし支援サービス」へとしっかり繫ぐことで、当然ながらニーズを満たすプログラムとサービスの展開が予定されているだろうか。

「〇〇さん、電話ですよ」「はーい。ありがとうございます」と隣家へ走ったのは「オレオレ詐欺」などなかった一昔前の暮らし。味噌や醬油を貸し借りするのと同じように「ご近所さん」に頼む「呼び出し電話」は、我が国のごく一般の近隣関係の風景だった。

近年、公衆電話が町から大きく減少した。日本で初めて電話が開通したのは一八九〇年（明治二三年）だから約一三〇年前。当初の加入者は一九七世帯。公衆電話が誕生したのは一九〇〇年（明治三三年）で、家庭から交換手を介して通話する黒電話が出始めたのは一九三三年（昭和八年）。公衆電話は次第に赤、青、黄色と用途ごとに多種類が出回り、一九八二年（昭和五七年）になるとカード式が登場した。

現在では我が国の携帯電話は一億台を突破したというから、公衆電話を「つかったことない」世代が存在するのも道理だが、それでも十円玉を握りしめ町の公衆電話をしきりに探す高齢者の姿がある。

被災者のひとりは「あのときほど公衆電話が持つ役割を知ったことはない」と語っている。二〇一九年（令和元年）一〇月二五日。千葉県を襲った台風21号は「土砂崩れで四人が死亡　一人が不明」と報じられた。そのとき、対象住民が避難した移動先では予想外の「事件」が起きていた。

避難したひとたちのなかの若者が、こぞって公衆電話を使えないのだ。各々の携帯電話は早々に電池切れとなり、そこでは公衆電話が頼りだった。しかし、受話器を取り、コインを入れ、ダイヤルを回すという動作が、若い被災者には初めての体験だったのだ。しかしながら、そうした若者たちを案じる一方で、妙に納得する部分もあった。「モノを使いこなせない」のは、若者も一緒だった。老若を問わず、災害による情報難民は孤立状態になった。

トイレと公衆電話は町のライフラインだ。シャッター商店街となったため、公衆電話が撤去され、高齢者が連絡手段を失って孤立・無縁社会が促進された。社会のセーフティネットは街角におかれなくてはならない。アメリカでも二〇一二年にハリケーン「サンディ」(hurricane sandy）が来襲したとき、東部地方の四分の一で携帯が使用不能になり、大混乱している。

我が国の総務省では「消えゆく公衆電話　携帯普及受け方針転換　現行の四分の一に」（毎日新聞二〇二一年四月二八日）というから、「事件」からの学びはないらしい。自分の住む町の、どこに公衆電話があるのか知らないひとは多いのではないだろうか。

ここで断っておくが、公衆電話があれば情報格差が埋まるという話をしているわけではない。

回覧板も安否確認のツールのひとつだが、公衆電話同様にそれを知らない大人も珍しくない時代を迎えている。管理人不在の集合住宅だったら連絡版がまわろうはずもなく、となれば自治体からの連絡など広報、行政ガイドをどうやってひとは入手するのか。

たかが回覧板、されど回覧板。回覧板は行政と住民、住民と住民を繋ぐ「連絡網」の見守りグッズだ。首都圏の自治体では安否確認を兼ねた新聞折込の利用が多いが、「スマホ世代」は新聞購読者が少ない。といって自治体が発する電子版を二四時間欠かさず見ているはずもなく、町で公衆電話を探し歩く高齢者がいるそばで、回覧板の存在も自治体の広報も見たこともない若者がいる。

システム化が進むのは時代の趨勢《すうせい》であり、もはや逆転することはないだろう。しかしそのなかで、必要な情報が誰にも漏れなく伝わるためにはどうすればよいのか。時代に応じた伝達体制の構築が行政には求められているのではないだろうか。

「詳しくはホームページで」は優しいか

多様な発信スタイルが必要なわけ

「暮らし」のない高齢者はいない。

「誰でも訪れる老いの問題を個人的に解決しようとすれば『死に向かう老醜《ろうしゅう》』という思いに取りつかれ孤立してしまい、展望が開かれることはないであろう。また、老人を医療や保険、福祉の対象としてのみ捉えることも展望を閉ざすことになるであろう。一人一人が生きる意味を求め、老いの時をどう過ごすのか、人生の最後をどのように演出するのか、それを実現させるにはどのようなサポートが具体的に必要なのか、そうした要求を一人一人が持つことによって展望は少しずつ開けてくる。……」（前出・

（新村『老いと看取りの社会史』）

「なかに、はいれないんです」

都内の民生委員からは、こうした嘆きがきこえている。コロナでの「3密」回避のときの話ではない。オートロックの建物構造上、最近のマンションでは入り口で遮られ、訪問先の玄関までも行けない、と顔をしかめることになるのだ。

全国二三万人の民生委員は無報酬だ。ひとり暮らし、「老老世帯」、「8050世帯」、コロナで失職したひとや「ヤングケアラー」など、近年では見守り対象は拡大、複雑化しているが、民生委員自体も高齢化が進み、成り手が続かない「名誉職」になっている。

現在では過疎自治体は五割を超えた。全国一七一八市町村中、過疎地域として指定されているのは、八八五自治体に及ぶ（二〇二〇年国勢調査）。「回覧板がまわらない」と心配するのは地方の「限界集落」ばかりでなく、首都圏でもその傾向は顕著だ。コロナ予防や関連の「お知らせ」も行き渡らず、新聞折込みに期待するも、自治体発の「お知らせ」は限定的でしかない。

無縁社会は日本全国に蔓延《まんえん》し、コロナ禍での「ステイホーム」が孤立化に拍車をかけた。

「もう回覧板は要らない」とする識者は「スマホがあるからいい」というが、「SNS」(social networking service——登録者同士によるWEB上の交流)は万能ではない。一律に情報ツールを画一化すると情報網が脆弱になる。

「伝統的なツールやメディアはその親和性から侮れないですね」(首都圏のある自治体広報担当)という。都内では、新聞購読をしていない家庭のため「区のお知らせを戸別にお届けします」に着手していた。

情報提供も、重要なライフラインのひとつだ。ただの思い付きにとどまらず、多様な方法もでてきている。若い世代の加入率が低い都市部では、町内会の存在を知ってもらおうと、現在は未加入でもSNSアプリから郵便番号を入れれば町内会活動を知ることができる「実験」も始まった。そこでは従来型との併用という多様な発信スタイルをとる。

東京都町田市では、二〇二二年九月から町内会、自治会の回覧板を「スマホでも閲覧」できる実証実験を始めた。災害時の安否確認とともに、世代間交流促進、町内会や自治会への加入率向上も目指すという。奏功《そうこう》するか、自治体と住民との間の点と線を超えて公平に「面」になり得るか、が試される。

「情報」にたどり着けないとき

「詳しくはホームページで」という言葉をメディアでしばしば見聞きする。紙面にしろ、画面にしろ、限られた時間とスペースでの広告宣伝では説明し尽くせないことの察しはつく。とはいえ同時点で「お客さん」の取捨選択を、つまるところ指定する「情報」にたどり着けないひとの存在を無視していることにこの文言は気づいていない。

最近では行政の案内にもよく登場している。情報に出会うにはひと手間かけろというが、アクセスのしづらさはひとを選別するから、この姿勢は福祉における「アウトリーチ」とは逆行している。選択肢が一方通行で、換言すれば情報を提供する側からの「上から目線だ」の批判は免れない。

「欲しければ　検索しろと　コマーシャル」（てなもんや）と言うが、これが行政による「広報」だったらどうか。住民は「税金は納めている」ものの、行政サービスを公平公正に受けられない事態になり、納税者不在の「費用対効果（コストパフォーマンス）」が顔をのぞかせる。

ことは単なる世代間戦争ではない。選択肢がないことが問題だ。

画一化を排し多様化を認め柔軟性を有する「共生」の時代に、行政自体が選択肢に無頓《むとん》着《じゃく》だったら無意識のうちに疎外の状況を生む。広報の方法と内容、機器の進化とシステム点検の反復、ツールは紙か有線か、口コミか、電話か、メールか、訪問かなど、不断の検証が欠かせない。コロナワクチンの予約に際して「電話受付はしない」と、国が報じたことは記憶に新しい。

情報に届かないからサービスに至らない。いや、至らないことを反省するふうもなく、むしろ嗤《わら》っているのではないか。システム弱者と疎外感の相関は喪失感に陥らせる。いまさらながら、デジタル化は誰のもので「時代遅れ」とほくそ笑むのは誰なのか、少なくとも基本的な事実の確認こそ使命だ。

高齢者にとってほしいものは、買い物の「ポイント還元」より、老いても同じ社会の構成員のひとりとして相互に認め合う関係に他ならない。

ひととひとを繋ぐ「架け橋」――支援する側のあり方

社会参加への仕組みとしての「網の目」

孤立の仲間は疎外で排除が敵だ。「孤立させない」「孤立しない」ために、何をいつどこで、誰がどうするのか。ひととひとを繋ぐ「架け橋」はないのか。

まずは、行政サービスの「網の目」だ。

漁師は漁に出ないときは陸（おか）で網の手入れに余念がない。破れを補修しネジレをただす繕いは出漁の準備に他ならない仕事で、なにより網の目が破れていたら使い物にならず、網に破れがあったなら折角《せっかく》の仕掛けから魚は逃げてしまう。

誤解なきよう断っておくが、行政サービスが「網」で獲物は住民と言っているのではない。前者は後者があってこそ、初めて存在価値がある。よって行政の支援の守備範囲と方法に破れ、ネジレはないかと常に点検が求められる。

福祉サービスとして、多様なメニューの用意と「取りこぼしがない」よう、関係機関の連携と情報共有が試金石だ。制度開始当初言われた「保険あってサービスなし」（一番ケ瀬康子氏）という現行の公的介護保険制度への批判はよく知られるが、「必要な人に必要なサービスを」の普遍的な福祉理念と現実のギャップは大きい。

受け皿としての福祉に関するサービスの量と質はどうか。個々の福祉のニーズが既存のサービスに適応させられるといった主客転倒はないか。「マニュアル」は目的ではなく手段に過ぎないことの認識が肝要だ。

ついては予算面から縦割り行政を除去しなければならない。「横断的に」「切れ目なきサービスを」ということが言われるが、高齢者で障害者だったら窓口は高齢者部門か障害者部門か、行き先を転々とさせられ、たらいまわしになることはないか。ニーズは固定ではなく変化があるから、サービスも一定ではありえない。

時系列をみても、世帯の変遷や健康状態、経済的理由の変化などすべての福祉は個別的だけに、暮らしのリハビリには柔軟性と持続性が求められる。トータルにその人を把握することを心がけつつ、「サービスは多様に、手続きはシンプルに」が合言葉だ。

老い支度を支える事業では、「ひとり暮らし」になる前からの対応が重要になる。例えば、転びにくい「まちづくり」はどうか。隔靴《かっか》掻痒《そうよう》であってはならない。

攻めの姿勢「アウトリーチ」

次に「アウトリーチ」だ。

「アウトリーチ」は、文字通り手を伸ばし相手をつかむことで、福祉における待ちの姿勢の反対語といっていい。問題はリーチの長短ではないし、ましてや本人らの申請の有無ではない。

とくに接近困難者へのアプローチなど、当事者並びに周囲からの要請の有無を問わないケースワークを指す場合が多く、見えない福祉ニーズへの事前の把握、接近、着手を意味するから、大事なのは「後手に回らない」ことだ。

行政はじめ公的支援が、当事者や周辺からの働きかけに対し「待っている」時代はとうに終わった。生活が困窮し生活保護の受給申請に行政窓口に行ったのに受け付けず、「相談はあったけれど、申請はなかった」と言いつくろうがごとき水際作戦などは論外だ。不作為の行政責任は重い。その結果、餓死や自殺したケースも存在している。

これら「網の目」と「アウトリーチ」もまた、セットの取り組みだ。「アウトリーチ」は「網の目」の修理に生かせる。

「メニュー」があっても使い勝手が悪くては機能しない。「アウトリーチ」があっても「網の目」が粗くては支援からの漏れが生まれる。後の項で述べる「受援力」は、「自助努力の不足」を盾に為政者側が言う「自己責任論」に置き換えられやすい。

国の主張する「自助、共助、公助」の順番は公的責任の後退を宣言したものだが、その逆は「網の目」「アウトリーチ」「受援力」となる。なかでも「網の目」は、社会参加への仕組みづくりで、日常生活圏における必要な社会資源の充足と、利用に際してのアクセス権の保障だ。そこでは「場所」と「機会」にとどまらないシステムの用意が必要だが、仏頂面の監視社会となっては「生きづらさ」を超えて息苦しさを招く。そこで登場するのが「アウトリーチ」であり、個々の事情に応じた、臨機応変で柔軟な対応を可能にするものだ。「アウトリーチ」は、世帯の暮らしの変化にも応じることが大切で、当該世帯は「ふたり暮らし」か「ひとり暮らし」か、いま生活はどうなっているかといった、変化に常に敏感でなければならない。重視すべきは「介護保険」の利用の有無ではない。そうした姿勢で行政があたっている場合には、支援が一方通行になっていないか、が気に懸かる。

「アウトリーチ」で「自己責任論」を克服

「アウトリーチ」は「網の目」の粗さも見つけてくれる。対象者が「網の目」から漏れていないか、目配りを怠らないことが大切で、対象を世帯から個人単位に切り替えることで適切な公的福祉の充実を図ることができよう。

個人として、周囲として、行政として「場」と「機会」の確保が大切といわれるが、それで終わったわけではない。住民の求めるのは行政の「やってる感」ではない。「場」と「機会」、二つは目的に向けての手段だった。

都市のコミュニティが崩壊しているといわれ、孤立問題の対策の一翼に「まちづくり」があるが、「福祉のまちづくり」という言葉も昨今では耳にしなくなった。

「社会的資源」「有機的関わり」とは何か。前者は、寺、神社、郵便局、銀行、商店、駅、公園、学校、保育園、公民館、役所等々。後者は、「参加」「活動」「交流」「ボランティア」「挨拶」「居場所」「仲間」「場」などが繋がりのキーワードといわれる。

生命より大切なプライバシーはない。「孤立していないよ」とひとたちが言えるためには住民に歯ぎしりさせない「受け皿づくり」の施策が急務である。

我が国にも次章で取り上げる千葉県や長岡市のように自治体による「公助」の挑戦があった。とはいえ、地方自治体の関わりにも限界がある。「公的」の本丸は国家レベルだけに、実効性のある「生きづらさ」の除去の政策立案が至上命令だ。

元来、「生きづらさ」の除去の対象は「ひと」ではない。「自己責任論」で片づけられるものではなく、「生きたくても生きられない」状況に追い込むのは社会的な虐待といっていい。「自己責任」を問う声は不寛容な排除の論理に行き着くから強者の主張と重なり、そこにその四文字の本性が見て取れる。社会的なひとの営みには「自己責任」では説明のつかない事情がある。「自己責任」がカタカタと孤立化を誘っていることを思い起こすことが肝要だ。

公的責任を果たすための「措置」

さて、いずれの場合も立ちはだかるは、我が国福祉行政における「まずは申請ありき」の原則で、「申請がわからない」「申請をしたくても」「申請をしたけれど」に哭《な》く（哭いた）人は多い。さらにそれ以前に、申請自体への妨害から事件や事故が発生、とどのつまりは「申請」にすらたどり着けない状態にあった。

この「申請第一」主義と通底するものとして、「措置」から「契約」への変遷がある。福祉に「契約」は万能か、「買う福祉」でいいのか。「見守り」「受け皿」という前に、「措置」の効用を見直すべきではないのか。

「措置」は悪者なのか。「契約」か「措置」かの二者択一では問題は解決しない。

日本弁護士連合会は、「措置から契約へという社会福祉基礎構造改革が行われる際、国は、これまでの国や自治体の公的責任は低下させないと説明していました。福祉に関する公的責任は日本国憲法に定められたもので、福祉サービスの提供方法が措置から契約に変わったからといって、この公的責任は何ら変わるものでないことは当然です。しかし、措置がなくなったことで、自治体が利用者と事業者との契約に関与する場面が少なくなったことも事実であり、ともすると自治体は腰が引けた状態になる可能性もあります。……措置から契約になっても、措置は一部残っており、介護保険制度が実施された後も『やむを得ない事由』があるときには市町村は措置することができると定められています。……まず措置により緊急的な対応をして、それから次の対策を検討していく必要があり、残されている措置の利用は重要です。しかし、現実にはこの措置はあまり利用されていないようで、運用の改善が望まれます」と説いている（日弁連『高齢者・障碍者の法律問題』二〇〇七年）。

福祉行政の申請主義は「行政によるネグレクト」といわれ、「自己責任」に通底する虐待のひとつだ。申請主義から発生する無視・放置と共生は相いれないばかりか、「伴走型支援」「断らない支援」の足をひっぱっている。あってはならないことだが、「プライバシーの侵害」を行政が「見て見ぬふり」の言い訳に使ってはいないか、措置の後退は契約への丸投げに変貌していないか。

措置と並んで、公的支援のもうひとつの方法が「アウトリーチ」であるべきはずだ。『社会的孤立問題への挑戦』の編著者・菅野道生氏（淑徳大学）は、震災被災地での地域福祉の実践から具体的にこう語っている。

「……状況が厳しい、あるいは孤立している人ほど支援を求めない。それはインフォーマルな支援であってもフォーマルな支援であってもということで、どちらも拒否的だということだと思うんですね。いっぽうで日本の社会福祉サービスや保障制度は、基本的に申請主義ですので、どうサービスを届けるかが最も大きな弱点だと感じています。これはソーシャルワークの世界では昔から言われていることではあるのですが、窓口で待っているだけでは本当に必要な人に届かない。そうであれば届けるためのアウトリーチが、支援を必要としている人、孤立している人には必要で、制度としてきちんと位置付けることが重要だとずっと言われてきています。とくに制度ということでは精神保健の分野、保健師さんたちが関わる分野では伝統的に行われてきていますが、福祉分野の場合は申請主義ですからアウトリーチがなくて待っているだけの状態になっている。出て行って支援するという枠組みを制度的にもっていませんので、ここをきちんとさせることが重要だと思っています。それはなぜかというと、措置がなくなってしまったことで申請主義プラス契約原理になってきているからです。本人がサービスを使いたいと思わなければ何も届かない状態に制度自体がどんどん変わってしまっている。かつての措置みたいな要素であるとか、攻めのサービスといったものが今後はもっと重要になってくるのではないかと思っています。ただアウトをしてもリーチになるのかという別問題もある。アウトをしていくことは大事なのですが、リーチするためには本人は拒否的なわけでアウトリーチも一回行くだけで済むわけではない。玄関口で断られることを繰り返しながら何回かアプローチしていくことになるかと思うのですけれども、最近は民生委員や福祉協力員の皆さん、見守り協力員さんたちの話の中でも拒否的な人にどうアプローチするかを考えています。」

また震災被災地での支援活動の受け入れに関してはこう述べる。

「とくに東日本大震災以降に社協の人たちと考えているのは、その人が見守られる側とか支援を必要とする人として扱うのをやめたほうがいいという結論がひとつ出ています。むしろ、そういう人にこそ、我々が困っていることを助けてもらう、あるいは教えてもらう、そうした視点にこちらが切り変わらない限り相手は受け入れてくれない。相手を変えるのではなく、我々が変わらないといけない。支援者側の視点や支援観を変えなければアウトリーチも意味がないという話をしているところです。たとえば福島で被災して埼玉の集合住宅に移って来た方がいます。高齢の単身女性の方で、もちろん周りには知り合いは誰もいません。民生委員さんも会うことができなかったのですが、集合住宅の前に小学校がありまして、『震災について教えてくれる先生を探しています』と。福島から来られたので福島のことを教えてほしいということで、小学校に先生として来てくれませんかと手紙に書いて届けたところ、次に行ったときに扉が開いたという事例があります。我々はどうしても支援する側、される側という固定的な関係の中で考えてしまいますが、地域の中で何か展開していこうとなったとき、やはり相手を地域住民として見て、何かの課題を一緒に解決していくパートナーであったり、地域を共に作っていく担い手であったり、そう捉えていくことが大切ではないかと思います。あなたは支援される側で弱者と位置付けられるより、あなたの助けが必要なので手伝ってほしいというアプローチをしたときに何が起きるかを今はアウトリーチワーカーの人たちと話しているところです。」

「アウトリーチ」の重要性の認識をさらに深め、「措置」についても今一度見直すべき時期にきている。

委ねることと老いの自立

最後に、当事者（周囲）の「受援力」だ。

「孤立することは損です」ときっぱり断言するのは、単身けん（「ひとりで生きるための、単身者の生活権を検証する会」）事務局長の石川由紀氏だ。その石川氏に、老いてのちの自立を聞いた。

「……（孤立することが損だというのは、）被害者意識ではなくて危険であるという部分で。損をしないための手もないわけではなくて、相談窓口などでも『言っていく順番が大事だよ』といっています。面倒でも、思っていることを全部書き出して、重要度順、道筋順にナンバーを打って、そのメモを持っていきなさいと言っています。近所同士でしゃべり慣れている人はいいのですが、ひとり暮らしが長い人は言いたいことを伝える技術がなくて失敗も多いんです。ですから、窓口に行くときはメモを渡して順番を言って、来週の何曜日に来ますからよろしくお願いしますと伝えて帰りなさいと。役所の人は調べるのがとても上手ですから言っておけば必ず答えが返ってきます。そうした窓口の使い方が大事なんです。」

「支援をした方は気持ちがよいので、受けたいひとは支援をしたくなるように自分がもっていかなくてはいけない。『受援力』がないと困るのは、自分ができないことは『できない』と伝えられなくなることです。老いの自立は、できなくなっていくことを一つずつひとに委ねること。委ねていくことは当たり前なのだから、それを迷惑と思わないことです。迷惑なのは、ひとりのひとにどっと全部を委ねることですから、できるだけ細切れにして複数のひとに委ねていく方がいいんです。支援した方も、いいことをしたと思うわけですから、いくらでも助けてくれる。私は親四人と夫を看取りましたが、細かくどうやって多くのひとに割り振るかがやはり大事だと思います。一度にどんと委ねられると仕事はやめなくてはならないし、誰がそのお金を払うんだと大変なことになりますから、新聞紙を出すくらいなら誰でもできますし、それは迷惑ではなくて『支援させてあげているんだ』ぐらいに思わないと『受援力』は育ちません。」

「迷惑がかかるから」「私はいいんです」ではない。「受援力」は自らが主体的に支援を求めていくことで、社会福祉でいう権利獲得のためのエンパワーメントと同義で、「力をつける」「力を与える」と訳される。とかく支援に対して受け身になりがちな状態から、自らが積極的に条件整備を求めていくことこそ自立で、充足感、自己決定観の向上に繋がるとされる。

情報入手へのとっかかりも当事者の意識と行動が前提だ。日頃からの武装は備えあれば憂いなし。黙りこくったままは何ももたらさない、にも通じる。介護悲劇における事後談の「当事者からのSOSはなかった」が、その「力」の欠如の証明ではないだろうか。

必要なひとに必要なサービスを

「無縁社会」で、どんな「見守り」ができるのか。介入や干渉はできる限り避けたいが、現代の希薄な人間関係にあってSOSサインはどうあるべきなのか。

ほったらかしなどあってはならない。寒冷地では冬場になると「独居高齢者を守れ」と地域のボランティアによる雪下ろしが行われるが、そこでは「災害弱者をつくるな」が合言葉だ。日常の地縁がお互いの困りごとを気づかせる。

身近な自治体も腕組みをしているばかりではない。大阪府高石市では「孤立困窮防止へ戸別訪問　一万二千世帯対象」、青森県、山形県では「独居高齢者を守れ　広がる取り組み　ボランティアの雪下ろしで商品券　GPSで住所登録　置き雪残さない」といったように、それぞれ独自展開を始めている。

保健所・消防署・交番、電気ガス水道といったライフライン、郵便局・商店街・町内会、医療と介護、民生委員・協力員など、最低限の公的支援の後ろ盾が縦横に機能しないと地域はもたない。「必要な人に必要なサービスを」の、量と質はどうか、福祉サービスのハードとソフトはどうか、地域の社会資源は有効に機能しているか、たゆまぬ検証が求められている。

生活保護や障害者福祉、児童福祉を担当する自治体職員、相談から支援を担うケースワーカーは依然人手不足だ。二〇二三年四月の統計で全国の生活保護受給世帯一六三・八万に対してケースワーカーは一万九一九五人だから、平均で一人が九〇世帯近くを担当する。貧困と高齢化で近年は「受け持ちは約一二〇世帯」も珍しくないという。この人手ではどうにも身動きが取れず、一日に平均四件回る計算では滞りが生じかねない。

高齢者は「地域包括支援システムで」と厚生労働省はいうが、それは行政上の括《くく》りでしかない。地方の多くでは人口減から、「商店を潰しスーパーも撤退」「小中高、母校がなくなった」が現実だ。少子化で学校の統廃合も進む。

「地域包括支援システム」は高齢者限定版ではなく地域の全住民を対象とした仕組みで、主体も全住民だ。行政機関や専門職のみならず、地域の町内会、商店、郵便局などが、住まい、生活支援・福祉サービス、医療・介護、予防で支え合うという「新しい共助づくり」として期待される。しかし絵にかいた餅ではないのか、担い手となる住民の信頼と自律性の継続に行き詰まりはないか。

コロナ禍のときの、ワクチン行列、搬送拒否、自宅放置などは明らかに「必要な人に必要なサービスを」に逆行している。行政の仕組みの「網の目」が粗く、しっかりと確立されてもいない。住民が、並大抵の努力では医療にもたどりつけないという不幸がそこにはある。アクセスしたくともできないのだから。公的サービスに中断があってはならないことが如実に示されていると言えよう。

SOSなぜ届かない

「無縁社会の縁を繋ぐのが、ヘルパーです」と都内のベテランのヘルパーは、憤懣《ふんまん》やるかたないといった表情で言った。

「けれども、家事援助は高齢者にとっては命綱だけど、担い手のヘルパーも『ケアプラン』に縛られ、訪問では四五分が基本単位。それでは掃除、洗濯、調理だけで精一杯で、（利用者と）お話しすらできません」。そのうえ制度改悪による「軽度者」への「生活援助」の排除指針では介護の重度化を誘ってしまうのは明らかだ、と話す。

血縁、地縁、福祉サービスとも断絶したならひとはどうなるか。増加する困難ケースに対し、支援者はいかに直接介入したらよいのか。しかし、なかには孤立を打ち明けられずにいるひとがいる。

長年在宅生活を続けていたが、特別養護老人ホームに入居し、コロナによって命を落とした高齢者もいると先のヘルパーは続けた。先頃、長い間訪問し続けてきた九〇代の女性とお別れをしたという。

「二〇年近く訪問していた方で、きっかけは今でいう８０５０世帯。息子さんはひきこもり状態で母親に時折、暴力を振るっていました」。息子は糖尿病を悪化させてまもなく亡くなってしまった。残った母親は特別養護老人ホームに入居するが、ここでコロナに感染したというのだ。

「特養でクラスターが発生したのです。女性は軽度の認知症がありました。感染すると施設内で隔離され、まさかの転倒事故が起きてしまったのです。隔離された部屋の使い勝手がわからなかったのでしょう。トイレで混乱し、転倒して、亡くなりました」。葬儀場では特殊葬儀代ということで五〇万円の上乗せ料金を請求され、最期を見送ったのは女性の成年後見人とこのヘルパーの二人きりだった。「棺には女性が好きだったカーネーションを入れました。辛かった。コロナがなければ一〇〇歳を超えていたでしょう」。

記録的な猛暑で高齢者の熱中症対策が課題となっているが、問題はクーラーが嫌いだということばかりではない。電気料金の負担が大きな要因なのだが、節電をするあまり、生命維持が危ういというケースも少なからず生じている。アクセスの保障と「生きづらさ」の解消が、行政のする措置の第一歩だ。

「迅速に正確に」が措置の精神だが、コロナ禍で人類が経験した「医療ひっ迫」の事態が示したように、感染症に対してはお手上げだ。ところがだ。問題は人員と資材の不足であって、ベッドがあれば、医師をはじめ医療スタッフと、機材と薬が十分にあればいいということが判明した。「医療ひっ迫」は人為的な原因によるものだったのだ。

つくられた「医療ひっ迫」は多くのアクセス難民を生んだ。制度、システムの貧困がもたらした悲劇だ。それを必要とする利用者のバリアを放置しているのは誰か。

大阪府高槻市で七八歳男性が死亡した。家族は父七八歳、母八一歳、長男五一歳の三人暮らしで、マンション住い。家族の生活は両親の年金が頼りだったが、父は脳梗塞後に右半身マヒとなり要介護状態に。二〇二〇年七月二一日に発見され、翌二二日死亡。

しかし父の背中には多数の打撲痕があった。のちに、その父からの通報が行政や警察に九回あり、行政の担当者が一四回にわたり自宅訪問し、電話も掛けたと分かった。九回に及ぶ通報は介護虐待のSOSだったが、それでも救えなかったのはなぜか。周辺住民からも地域包括支援センターに通報されている。

父のSOSはなぜ届かなかったのか？　高齢者本人は家族をかばい、第三者の介入を拒むことが多い傾向があるが、これだけの通報があっても危険を回避できなかった。行政は一体何をしていたのか。

「ここがいい」「ここでよかった」――新しい「地縁」づくり

かつて「優しいまちづくり」といった政治公約があったが、子供から老人まで孤立しているのはなぜか。自殺は玄関の内側で起きている、というが、孤立死もまた家のなかで起きている。

地域のコミュニティでは「地方」と「都市」を同列に扱うことはできない。都市での「町内会って何ですか」「町内会って面倒くさい」に、首長は「新しいコミュニティを」と公約を用意したものの、「おこがましいと言われそうだから」と引っ込めた。

コミュニティでは、「場」と「機会」の二つが取り組みの両輪だ。「お知らせ」では町なかの掲示板の効用は大きく、「町会」では掲示板をつかっているところは多い。

孤立に関する事件事故が報じられた後、周囲が決まって漏らす「相談してくれたらよかったのに」にはうんざり感が漂う。「場」では「居場所」「SNS」「たまり場」が推奨され、一方の「機会」では「参加」「活動」「交流」「仲間」「ボランティア」「挨拶」が強調される。にもかかわらず「誰に助けを求めたら」が見えない。「**頑張れと　背中押したが　崖の前**」

（竹とんぼ）になっていないか。

声掛けはしても、「出てこない」「出てこられない」。見えない孤立があって、自ら閉鎖的になることで「行けない」（場所）、「行きたいなかみがない」（機会）。まばらな支援は迷路にはまる。「ひきこもり」への対応は格差、バリアの除去だが、繋がりの実感をどうつくるのか。

「ここがいい」「ここでよかった」はどうしたら実現するのか。

「孤立しない」ためには「孤立させない」ための数々の施策と取り組みが大切だが、地域を語るまえに、住民と世帯、経済力、自立度、行政サービス、生活圏の現状はどうかといったことは十分に把握されているのか。また「多様性の時代」において、行政サービスの啓発、啓蒙に際して当然ながら方法の「多様性」が住民から求められるが、「きめ細かい」「切れ目のない」生活保障の支援は、十分に個別的か。「アウトリーチ」の目標は何か。なぜ、ひとは「ひきこもる」のか、支援の画一化や貧困はないか、「孤老」「孤育て」になっていないか。

孤立対策は行政からのＮＰＯ法人への丸投げであってはならないし、申請主義で待っているだけの行政ではいけない。サービスはフォーマルあってのインフォーマル、が前提だ。

「8050世帯」や「ヤングケアラー」といった問題に対しても、老人福祉、障害者福祉、生活保護、学校教育など所管部署や専門職の横断的な情報共有と連携で、ようやく孤立に風穴があけられる。

二〇二一年度より、国による「重層的支援体制整備事業」がスタートした。この事業の目玉は「断らない支援体制の構築」だという。しかし、ここまで述べてきた事例が教えているのは、地域、コミュニティの実情に沿った対応が必要だということだ。次章では、自治体による「孤立させない」試みの実例を紹介して、適切な支援のあり方についていま一度考えてみたい。

第5章

自治体の挑戦
——先行する実践例に学ぶ

前章まで、コロナ禍以降の孤立の実態と問題点を明らかにしてきた。本章では、そうしたなかで課題に積極的に取り組む自治体をいくつか紹介したい。

地域の孤立問題への「処方箋」は一様に論じられるものではなく、それぞれの自治体の実情に応じた柔軟な対応が求められる。以下では、そういった具体的な対応のあり方を、行政サービスの「網の目」と「アウトリーチ」の視座からみてみよう。

千葉県の場合――「ちばＳＳＫ」

ＳＳＫは地元と行政の協働作業

「ＳＳＫ」という名称は「しない　させない　孤立化！」の頭文字から付けられたという。千葉県は当時、高齢化率が全国二一番目であり、「ひとり暮らし」「夫婦のみ世帯」に孤立が目立つことから取り組みを開始した。「地域での見守りが必要」ということが動機となり、平成二三年度から事業（プロジェクト）は始動している。

事業内容は、まず初年度に「フォーラム」を開催して周知を図り、①県民シンポ、②ＤＶＤ、チラシ、③地域ネットワーク、④事業者協力、の四つの事業を展開する。

①では、協力団体を表彰するとともに講演を実施する。これは毎年行い、内容はＨＰで紹介する。

②では、孤立防止のためのＤＶＤとチラシを配布する。

③では、二〇一八年時点で、住民団体・医療団体・福祉団体を合わせて五二団体による体制づくりを行った。

④では、地域貢献事業者の指定を二〇一四年から行っている。その内容は、⑴協力登録店は四八市町村六二九件で、見守りから異変通報にあたっている、⑵セブンイレブン、イオン、生命保険・損害保険会社、ガス水道事業者、宅配業者、弁当配食業者の大手一二事業所と全県にわたって個別協定を締結、というもの。

事業の特色は、自治体が仕組みを作り仕掛けたことで、地域と地元事業者の双方によるスタイルとなっていることだ。いわば、地域総がかりで「網」を懸けた、といえよう。

具体的には、街頭ＰＲ、バス車内放送、電車、病院内ＴＶの活用がある。ＴＶＣＭ（千葉テレビ）、ラジオＣＭ（ｂａｙＦＭ）も行い、反応を見つつ工夫を重ねている。いずれも啓発、啓蒙が目的だが、メディア利用がうまい。アンケートやＨＰを通して、これら事業の検証をし、つぎの課題発見をする。

担当者によれば、事業の認知度を高める必要と「連携」「見守り」「配食」「安否」へのニーズは根強いことを改めて知ったという。「見守りネット」のさらなる充実へと連動し、プロジェクトの認知度の向上と事業者との連携の強化を目標として掲げる。もうひとつの「アウトリーチ」の展開といえようか。

協力登録店による取り組みの実例

二〇一九年三月現在で県下に一一二〇店舗を有する（株）セブンイレブンによる二〇一八年度「プロジェクト取り組み報告書」の内容を一部抜粋して紹介しよう。

・高齢者見守り（同年度報告事例一五五件から）

四月二八日　四街道市　四街道小名木店　商品配達のため自宅に訪問した際応答がなく家で倒れていた　親族に連絡し救急車を手配

六月七日　市原市　市原白塚店　高齢の女性が体調を崩して歩くのが困難な状況だった　保護し警察・救急車を呼び対応

一〇月二〇日　袖ヶ浦市　袖ヶ浦代宿店　高齢者が深夜に徘徊していた　ご家族に

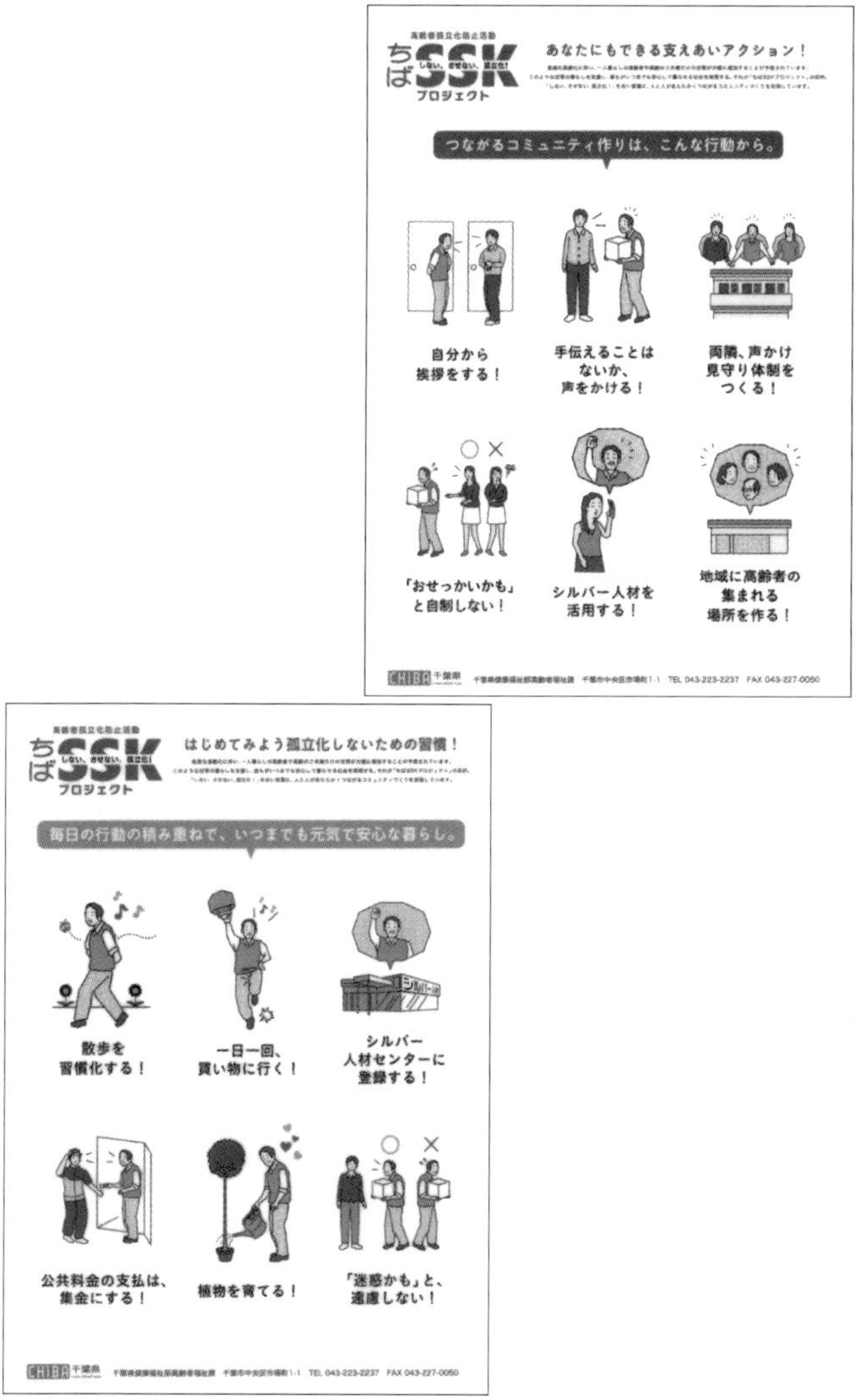

図1　孤立防止啓発のためのクリアファイル（孤立防止ファイル）（千葉県健康福祉部提供）

連絡し迎えに来てもらった

一二月二八日　千葉市　幕張五丁目店　高齢の女性がお買い物の後帰り道が分からなくなっていた　連絡先を聴き取り娘さん連絡し迎えに来てもらった

・高齢者の安心安全（同二九件から）

五月一三日　船橋市　習志野五丁目店　ATMの振り込みが分からないという高齢の方がいた　従業員の○○さんが確認したところATMでの振り込め詐欺を未然に防ぐ　警察より表彰在り

一二月二〇日　鴨川市　鴨川東条店　振り込め詐欺の可能性があるお客様が高額のPOSAカードを購入しようとした　振り込め詐欺ではないか問い販売出来かねる旨お伝えし警察へ通報　警察より表彰在り

三月六日　流山市　流山おおたかおおたの森駅西口店　二週連続で別の高齢者が携帯電話を掛けながら高額カードを購入しようとした。都度、店長が不審に思い警察へ連絡、未然に防ぐことができた。警察より表彰在り

さらに、移動販売サービス、高齢者雇用、生きがい、健康、仲間づくりなどの項目が続く。

新潟県長岡市の場合——「六五歳からの安心連絡システム」

「コールセンター」を中核としたシステムで

新潟県長岡市は県中央部に位置し、県都新潟市に次ぐ約二五万人（二〇二四年現在）の人口を有する。幕末には戊辰《ぼしん》戦争の激戦地となり一時荒廃したが、明治時代の鉄道敷設以降は上越線と信越本線が合する交通の要衝《ようしょう》として発展してきた。

——その長岡市で以前に行われていた孤立防止施策は、福祉用具の貸与と緊急通報装置の設置だけだった。

二〇〇七年（平成一九年）から始動した「六五歳からの安心連絡システム」（正式名称は「長岡市在宅高齢者等安心連絡システム事業」）とは、次のようなものだ。

まず、対象は六五歳以上のひとり暮らしまたはそれに準ずるひと・世帯で、六五歳未満の障害者も含む。各々の申請により着手するが、システムの展開は大別して、①利用者自身が発信するものと、②利用者の反応がない場合の対応の二つからなる。

①　利用者自身が発信するもの

ア　緊急通報装置（電話機横に設置）
イ　通報用ペンダント（「コールセンター」〈看護師ら医療・福祉の専門職が対応〉へ繋がり、二四時間使用可能）

②「反応がない」場合
ア　自動操作で、センサーが起動（安否、外出、動線調べ）
イ　同じく自動で火災報知器が確認され、「コールセンター」へ接続

①、②のいずれの場合も「コールセンター」（以下「センター」）が情報を集約するから、ここが司令塔だ。
このシステムは平常時にも使えるという利点がある。センターには「健康相談」もできるし、「お元気コール」もセンターからくる仕組みで、どちらの場合もセンターからアクションがあり、これに対しては「楽しみだ」という利用者の声が寄せられている。双方向と「アウトリーチ」がこのシステムの大きな特徴となっているが、いずれもセンターの存在と機能が鍵になっている。

また、支援者（協力者）の存在も大きく、それなくしてシステムは機能しないと言っていい。近所、親族、民生委員、地域包括、ケアマネジャーなどが担い手だから「網の

目」は十分に張られている。「地域包括」をバックアップする専門職チームの存在が心強い。行政が運用する縦と、地域による見守りという横のネットワークが存在する。

システムの利用料金は、市民税なしの場合は一ケ月五〇〇円、ありのひとでも一五〇〇円で、生活保護受給者は無料。また設備の設置費はいずれの場合も不要となっている。「安心料」ということなのだろう、離れた家族が利用を勧めるケースも多いという。申請書には民生委員、ケアマネージャーなどの承認印が必要。二〇一九年八月現在六五歳以上人口八万二五七七人に対し、年間利用者は七五〇人。

近隣の協力者を得て「ゆるい絆づくり」で

とはいえ、課題がないわけではない。担当者は語る。

近隣協力者の確保が難しい（地域包括が駆けつけなければならない）のが大きな悩みだが、その理由は、市町村合併による地域の拡大（従前の地域との違い）が影響していた。市町村の合併で「網の目」が粗くなったか、孤立死の発見例もあった。近年は「隣が居ない」ケースも目立つが「110番より通報しやすい」「相談しやすい」と評判はいい。

結論的に、協力店舗数の伸び悩みとマンパワー不足と「包括」の浸透が課題と担当者は

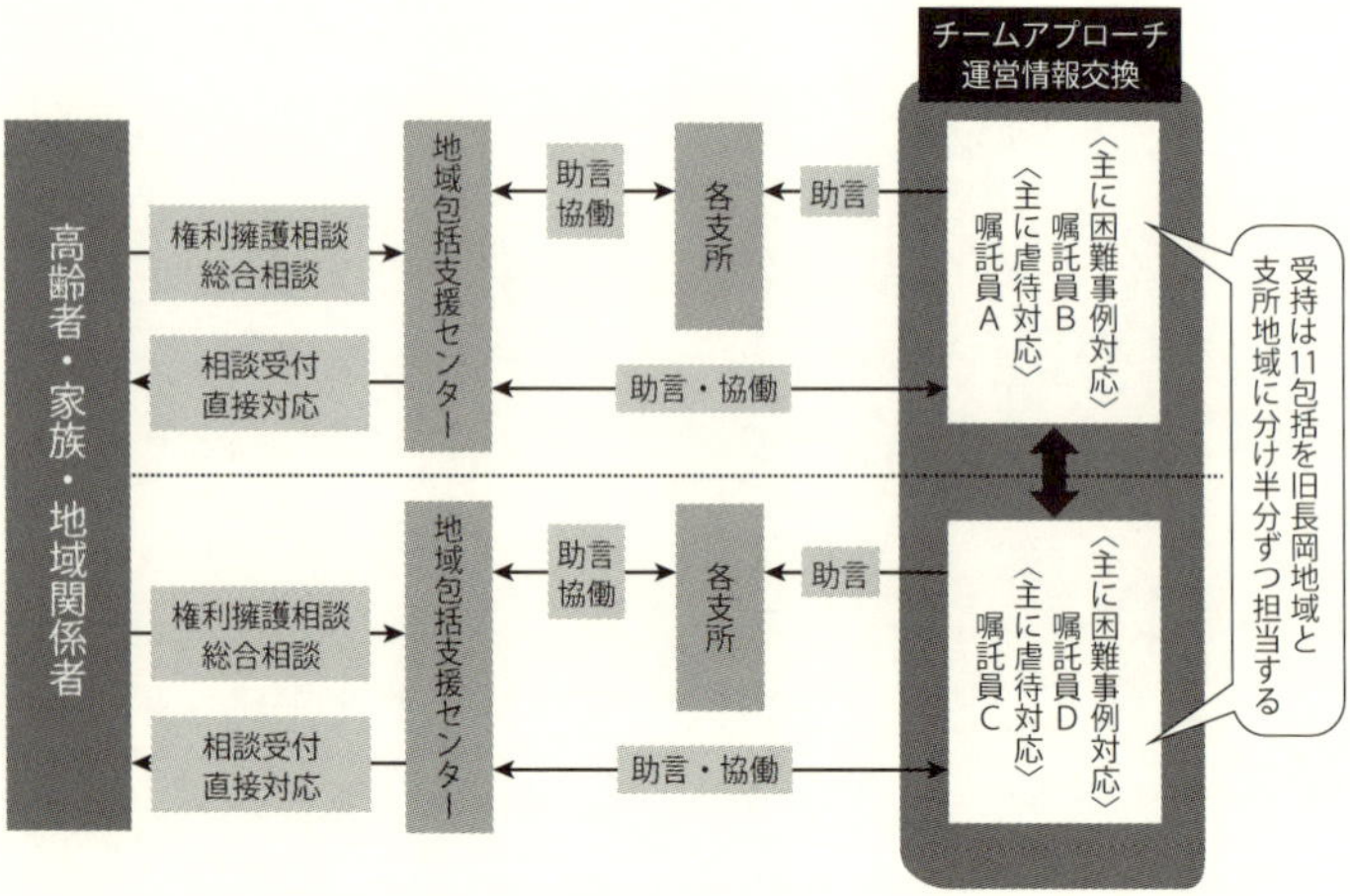

図2　長岡市「高齢者権利擁護相談員」の仕組み
（資料提供・長岡市）

つづけた。「どこにも引っかからないひとが」「世帯の把握ができないままにいないか」が目下の課題という。なお、日頃からの見守りには「シルバーささえ隊」（二〇一二年発足）も存在している。「すこし様子が違う」「心配事があるらしい」と気になるときは「地域包括」へ連絡という。街中にステッカーと看板の手配をしている。看板は協力店一八〇〇軒の店頭に置かれ、あたかも子ども見守りの高齢者版のようだ。

「機運醸成しながら」「無理せず」「ゆるく」と市役所の担当者は語る。市は「通信」を年に二回発行して、商店や民生委員ら支える側に配布している。「ゆるい絆づくり」がモットーだ。

福岡県大牟田市の場合――「うちでは徘徊という言葉はありません」

大牟田市は福岡県南西部にあり、戦時中に「炭坑節」で有名な三井三池鉱山がある三池町等を編入したことも手伝って一大採炭拠点となる一方、沿岸部には石炭化学コンビナートが形成されて日本有数の科学工業都市として発展した。

炭鉱閉山後は不況に見舞われたが、テクノパークを建設するなどして雇用確保に努める一方、有明海での海苔養殖や沿岸漁業の振興を図っている。

四〇〇人が集うフォーラムの会場で

大牟田市は「認知症でも安心安全の町」といわれる。

認知症は、くらしの障害、コミュケーションの障害だ。しかし、多くの場合、徘徊や暴言は「問題行動」とみなされてきた。「サポーター」（ひと）や「カフェ」（居場所）はできても、見守りの仕組みは終了ではなく、支援の入り口に過ぎない。支え合いの機能不全はどうして起こるのか。

二〇一六年八月、筆者は大牟田市を訪ねていた。人口一一万八七五六人、うち高齢者四万八五三人（高齢化率三四・四％）、世帯数五万七一八五戸、まちづくり協議会加入率四七・五％（いずれも当時）。

約四〇〇人が集う「若年性認知症フォーラム」には全国から認知症当事者とサポーターが登壇し、各々の活動報告が始まった。「ガンバロー」「ガンバロー」の歓声が轟《とどろ》く会場だ。なかには「ぼやくつぶやき元気の会」の会員や「認知症　それがどうした」（ＴＶＣＭ）に出演したひともいる。

大牟田病院の精神保健福祉士や専門医から市の認知症支援体制の紹介がなされると、いよいよ地元・大牟田の「ＳＯＳネットワーク模擬訓練全体会議」の出番だ。市内各地区から取り組みの成果と課題、実施計画が映像とともに紹介される。

本人・家族支援の内容は、「集いの場」「学びの場」にはじまり「家族介護教室」や「当事者の会」から「三池山登山」「Ｔシャツリレー」「認知症カフェ」「もの忘れ喫茶」「なんでも相談日」「絵本教室」とつづく。なんとＯＢ会・ＯＧ会もあるという。世代間交流としては学校体育祭への招待があり、合唱会、模擬体操、クリスマス会、カレーカフェまで

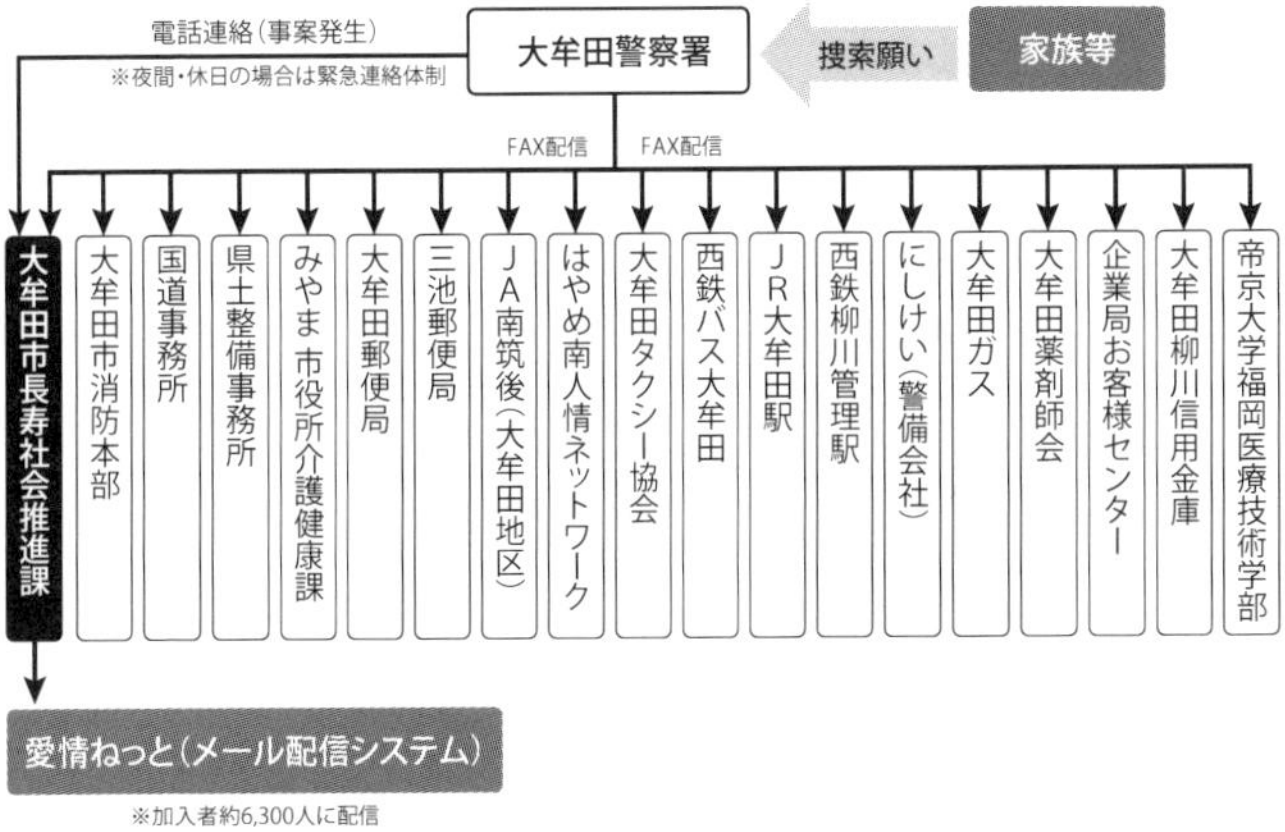

図3　大牟田地区高齢者等SOSネットワーク
（大牟田市／SOSネットワーク模擬訓練全体会議提供）

あるというからレパートリーの広さに驚く。

キャッチコピーは「地域と共に生きる学習」「一人の百歩より百人の一歩のまちづくり」。そして件《くだん》の地区ごとの「ガンバロー宣言」になった（二〇校区）。

「SOSネットワーク」は高齢者の保護を目的とし、行方不明者についてはネットワークに情報が流れる仕組みだ。「市民情報から」「JR職員の声掛けから」「バスを降りない？　運転手の気づきから」と、発見場所はごく日常に迫る。

市の担当者からは、あるエピソードが紹介された。

ある日、認知症高齢者のひとりが扉の開いていたクルマ内にはいり、そこで失禁した。用事を済ませ戻ってきたクルマの所有者はそれを知ると激高し、当該の高齢者は俯きブルブルと震えている。そこに通りかかったのがひとりの地元の男子中学生。慌てる様子もなく所有者に断って高齢者に寄り添い何やら語ると、本人はすっかり穏やかな表情に代わり、場は収まった。手慣れた所作の一部始終をみていたクルマの所有者はただただあっ気にとられたという。所有者は他県から来たひとであった。

「(地域での)模擬訓練の成果ですね」と担当者は笑った。

同市をモデルとして、既に二〇〇を超える自治体で「認知症捜索声掛け模擬訓練」が実施されている(二〇一六年・同市調べ)。

「市では徘徊という言葉はありません」という理由を市の担当に尋ねた。

「……認知症のご本人に聞いて、こちらの配慮が足りないことを知った。あてもなくさまようわけではない。目的があってのことだから。そして当事者が参加する訓練になった。大切なのは尊厳と希望ですから」。

認知症に優しいまち

大牟田は、特別なのか。

駅に降り立つと、町の角々に「のぼり旗」が目にはいった。オレンジ色の地には「認知症でもだいじょうぶ！　まち全体で声かけ、見守り、支えよう！」と大きく記されている。「認知症だから」をやめようという精神のみなもとは「まちづくり」にあった。キャッチフレーズは「ほっとシティおおむた」だ。これだけで、かつての炭鉱の町はいま福祉の町に変わったことがわかる。

認知症がキッカケとなって、市民と行政が一緒に進める「まちづくり」版が生まれた。認知症の予防から始まる取り組みは「介護保険」の不足を補充するもので、支援単位の細分化（小学校区ごと）が特徴だという。そこには継続支援プラス家族支援があった。事業がはじまったのは「介護保険」とほぼ同時期で、当初は「認知症ケア研究会」の集まりだったといい、そこで練られた「六つの中核事業」とは、

①　コーディネーター養成　介護経験あり　専門職

②　もの忘れ予防・相談健診　地域包括支援センターは医療、介護＋虐待予防という認識

継続的支援として、

③　認知症予防教室　②のつづき　「予備軍」が対象　メニュー　ゲームなど　予防効

果

④　絵本教室、認知症サポーター養成　子どもたちと家族が一緒に世代間交流、共感理解に向けて、

⑤　ほっと安心ネットワーク　「模擬訓練」と地域ネット

⑥　地域認知症サポートチーム

となっている。

「アウトリーチ」も積極的だ。「専門職は事務所でなく地域へ」をモットーとしているので、各専門職間の協力、連携も強い。

行政の縦割りを排し、自治体自らがコーディネイトしていると言えるだろう。「SOSネットワーク」では、行政機関、消防署、郵便局、金融機関、タクシー会社をはじめ、まちづくり協議会、商店、公民館、社協、民生委員、介護事業所、病院など「校区のネットワーク」ができている。さらに隣接する「広域連携市町」までを含めて運用されているので、「網の目」の裾野は広く、制度の運用、サービスの質の向上が必要ということを常に心がけている。

市は「徘徊は冒険」とも語る。高齢者が徘徊するのは咎めるべきことではなく、子ども

にとっての冒険のようなものだ、と。「地域力」の再生か創生か、大牟田市は「認知症に優しいまち」を推進する。

第6章

孤立と社会的処方

「くらしの保健室」？

我が国の孤立問題への関心はコロナがきっかけだった。多くの失業、自殺が生じたことに伴い省庁の横断的な取り組みが必要とされ、二〇二一年二月に内閣官房に「対策室」が設置された。

増えつづける「子どもの自殺」（二〇二〇年度で小中学生四九九人＝過去最高）に加え、「子どもの貧困」「ヤングケアラー」の存在が伝えられ、対策に拍車がかけられた。自民党は、孤独対策には医師と連携することが必要で、社会的処方を活用しなければならないと説き、政府の「骨太の方針二〇二二」にもそう謳った。

政府の言う「社会的処方」とは、「孤立という病を地域のつながりで治す方法」で、「医療をめぐる諸問題の最上流には社会的孤立があり、薬ではなく地域での人のつながりを処方する」という。さらに「人とのつながりの輪に患者を招き入れてぬくもりを与える」ともされている。

ひとの孤立に対しては、「発見」と、それにつづく「場」と「機会」の提供が必要だということはかねて言われてきた。政府の方針では、「町の保健室」につづく「くらしの保健室」の設置で「気づきのネットワーク」が実現するといい、これまで我が国の医療が診察後は介護、福祉に「お任せしてきた」ことの反省から、イギリスのプライマリ医療に学ばなければならないとされ、認知症、独居老人などの「とじこもり」防止には外出の実践を勧め、ケースワーカーらへ「生活支援の必要性を処方する」と説明する。

ひとは、繋がりがなくなって孤立化した。孤立を病理と捉え医療が繋ぐことで一件落着なのか、世帯の変遷や貧困問題など孤立に至る社会的障壁への着眼なくしては、百歩譲っても「病」は治らない。貧困の原因を「頑張りが足りないから」と自己責任論に落とし込むのと同様、問題の本来的な解決とはなりえないし、孤立＝個人の病気として「診察」するのでは到底解決にならない。

「ひきこもり」も「自殺」も「孤立死」も、社会と「個」の関係性から生ずる。それに対しては、「診察」ののち「居場所」支援に繋げる仕組みを設けるといい、それを「地域包括ケア」に取り入れ、公的施設の活用を促すという。しかし、医学モデルから社会モデルへの転換は既に二〇年前に指摘されたことだ（二〇〇六年の「国連障害者の権利に関する条約」）。

コロナで孤立には拍車がかけられ、自殺、孤立死は顕在化していた。孤立は現象だが、その背景には貧困という家庭の事情があった。

我が国の孤立は、いつ頃から社会的関心になったのか。リーマンショック以後、成長に陰りが生じると、「勝ち組負け組」「格差社会」「過労死」「介護殺人」「ひきこもり」「メンタルヘルス」など、「孤立」に関連する記事が紙面に多く見られるようになった。

それから一五年を経て、コロナ禍が一段落した今こそ、「孤立問題」の根源を明らかにし、本当に有効な「処方箋」を提示する努力が求められているのではないだろうか。

「孤立問題」と伴走者

「生きづらさ」の除去に有効な「社会的処方」とは何か。

我が国では「ヤングケアラーを発見」した医療機関に診療報酬を加算するという(二〇二二年四月より)。孤立しがちのヤングケアラーを見つけるきっかけとして期待がかかるが、国策との連携には報酬加算が前提となるようだ。

社会を治療対象とみるのか、社会病理か、「健康格差」は社会との関係ではなかったか。

ストレスは誰にも存在する。さりとて誰もが「生きづらさ」「社会的処方」の何をどう学ぶか、後方支援なのか、構造的な問題に迫ることになるか。

家庭医制度が定着しているイギリスでは、疾患臓器をみるだけでなく幅広い健康問題に医師が対応するという。そこでは医師が医療にとどまらず社会的繋がりを重視し、患者中心のプライマリケアを担い、「ゲートオープナー」という名の伴走者になるというから頼もしい。かかりつけ医拡大がイギリスでは国策となっている。

「社会的処方」の対象は誰なのか。

「孤立問題」に関して、総務省では「一人暮らしの高齢者に対する見守り活動」（令和三年度以降の行政評価局調査テーマから）という調査報告を公表したが、その概要にはこう記されている。

「……六五歳以上の一人暮らしの高齢者数、六五歳以上の人口に占めるその男女の割合は年々増加。将来においても、その数や割合は増加していくことが予測。新型コロナウイルス感染症の感染拡大の影響下において、災害公営住宅に住む六〇代男性が約二ケ月間、誰にも気付かれないまま孤独死していた事案が発生。感染症拡大の影響により住民活動が停滞したことなど対面での見守りの制限が発見の遅れの要因。このように対面の見守りが制限される中、ポストコロナを見据え、一人暮らしの高齢者に対する見守り活動をいかに効果的に実施していくかといった観点から……（略）……想定される課題、問題等として、現場では感染症拡大の影響下における見守り活動に苦慮。ＩＣＴを活用した見守りも一部で緒に就いたところ。見守りのデジタル化を加速させるための課題等の把握が先決。……民生委員、町内会などは、対面が制限される環境の中思うように活動できない状況が発生。電話での見守りは一人暮らしの高齢者が詐欺を警戒して応答しないなど条件により見守りの可否が左右されるといった指摘あり。一部の市では事業者が自宅に温度、湿度、照度などを感知する多機能センサーを通して常時見守るとともに、異常感知の際には電話や駆けつけによる確認を実施する実証事業を実施。」（原文ママ）

また実施に関する施策では、次のように付記している。

「〔従来からの〕官民の連携により、支援が必要な高齢者等の生活を支えるための地域づくりを進める各種施策を推進（高齢社会対策大綱H三〇・二閣決）

感染症拡大後の対策では、国・地方の連携により社会的に孤立しがちな一人暮らしの高齢者の生活などに対応するため、適切な支援の実施（新型コロナウイルス感染症対策の基本的対処方針　令和二・五変更）

電話等による見守りや関係者と協力した支援など地域や人々のつながりを再構築しつつ地域ぐるみで取り組みを進めていくことが必要　新型コロナウイルス感染症の感染拡大防止に配慮して実施する介護予防・見守り等の取組例について（令和二・五厚労省事務連絡）」

行政の役割は時代とともに変わる。「仕組み」と「ひと」も同様だ。

「支援のメニューは、その次でしょうね」と同省の担当者は語った。

「孤立しない」「孤立させない」

「孤立問題」に対応する際には、社会的な背景として孤立社会を形づくる構造面に着眼するのは必須の観点だ。

取り組みに際しての具体的な視点をあげてみれば――少子高齢化と単身化、世帯の変遷と家族機能の変容、雇用不安と貧困連鎖、地縁の薄れと申請主義の壁、医療・介護・保育制度の脆弱さ、税・保険制度の弊害など、社会福祉、社会保障の軋んだ課題の抽出など、いくつも考えられる。

対症療法の繰り返しでは「問題」の解き明かしには届かない。時系列的にみれば、「なぜ孤立社会か」という背景への着眼がまず求められ、取り組みにおいては次の五つの側面の確認が端緒となろう。

① 傾向――今日的な「ひきこもり」「とじこもり」を含め、社会的な関わりを持たない、という状態像にある。

② 目標――「孤立しない」「孤立させない」ために。

③　対策――支援の対象について、世帯から個人への転換を。範囲は「切れ目のない」ひとのライフサイクルとライフスタイルにおいて。

④　方法と内容――「網の目」「アウトリーチ」「受援力」から検証を開始し、行政が「できることとの実践」を。その視座はくらしの貧困、格差の除去を目指す。「網の目」では、くらし二四時と地域の関連で「タテヨコナナメ」の連携と情報共有から。「アウトリーチ」では、響き合う周到な準備と方法と内容の反復から。「住まい」を第一にハード面（居場所およびモノ）がどうか、ソフト面（ヒト）がどうか、適正な量と質かの点検を。「受援力」では「情報弱者になるな」「情報弱者にさせるな」。契約社会の現代では「契約弱者」になりかねない。介護者孤立、介護家庭、共倒れ不安。家族介護の支援の危険性。近所がないなかで「近所で頼れる人を」の難しさに理解を。医療介護、年金ほか不安解消の社会保障改革へ。ネットワークの再構築では「ひと」「場所」「機会」の持続性と複合的支援は関連機関の連携、情報共有で。また前述に沿う法律、制度、施策等の見直しは必須となる。

⑤　効果――アクセス難民、システム弱者をつくらない。選択肢なき誘導はないか。疎外要因を取り除き「繋ぐ」「繋がる」ことで、そのひとにあった自立支援へと。「支

援プログラム」は個別的な実践に依る。

そこで「受援力」とは何か。障害の当事者でもある小児科医・熊谷晋一郎氏は「自立とは依存先を増やすこと」と自立の意味を説き、石川由紀氏（前出）は、高齢者の自立の心構えを「生き方上手は頼み上手で地域デビューを面倒くさいと思わない。違いのある人も仲間にしよう。無理のない範囲で付き合う。日々のアンテナを張っておく。パソコンが駄目なら携帯電話を使う。操作方法が分からなければ販売店で無料で聞く。民間の相談窓口を賢く使う。契約書、書類の作成ひとりは禁物。ひとり暮らしだからこそ自分のこだわりを大切に」と助言する。

おわりに

「はじめに」で紹介した、孤立死のあとを「資産価値が落ちるから」「近所迷惑だから」と悪意なく言い放った若い官僚の言葉が頭から離れない。彼の発した孤立死の「社会的コスト」は、「暮らし」や「生命」より「費用対効果」を重視する姿勢そのものだ。しかしそれは、死者に鞭打つことだ。

「地域社会で役に立つということ」「住まいの資産価値が下がる」とはなにか。孤立問題の解明どころか、その視座は現代人の「生きづらさ」の呼び水となっている。

三・一一東日本大震災から一二年、全国各地の施設の津波対策の「いま」を毎日新聞が調査公表した（二〇二三年二月二七日調べ）。それによれば、三九道府県六六二市町村の幼保施設計二万三二五七ケ所のうち、一四％（三二七六ケ所）が「浸水域」にある。高齢者施設は計一万八七〇五ケ所で、うち一三％にあたる二三八六ケ所が同じく「浸水域」。小中学校や特別支援学校などは、計一万八四二八ケ所中の二二一一ケ所、一二％が同じ状態という。果たして、人数にしたら何人が含まれるのか。

再びの災害弱者があってはならない。しかし、「施設建設は億単位です。なるたけ安上がりにするには、海辺や川沿いか山中が候補地になりますね」という不動産業界でのものいいは、孤立死のあとを「資産価値が落ちる」と語った官僚の言と妙に理屈は符合した。二〇二三年五月より、コロナを「2類から5類へ移行する」措置が実施された。コロナをインフルエンザ並にするとの方針だが、外来、入院での自己負担が発生するから「利用控えにならないか」(在宅)、「留め置きはなくなるのか」(施設)が再びの不安材料に。感染症に終わりはない。搬送拒否は繰り返す悪夢だったのか、またもひとの翻弄がはじまるのか。

厚労省発表によれば、二〇二三年三月三日現在、国内でのコロナ感染者は三三二六万三九〇四人、うち死者七万二六六一人と伝えられる。

「自己責任」に固まる一部の世論は遠慮がない。貧困には「いまさら金がないなんて。自分が好き勝手したくせに」、いじめについては「たいてい、いじめられる側にも問題があるから」と突き放す。さらに「誰かしら親族がいるでしょ」「ご近所に助けてといえばいいのに」とつづく。孤立死では「それは自業自得だから」とまで。

筆者は旧来の「血縁」「地縁」「社縁」の復活を望むものではない。それらではさしずめ「しがらみ」があった一面は否定できない。どうすれば今日的にひとを「繋ぐ」「繋がる」のか。「居場所」と「機会」の大切さは知るも、強制は逆効果だけに関心を払いながらも「ゆるい絆づくり」が重要、と語ってくれた長岡市の担当者の言葉が印象的だ。

家（うち）でも施設でも多くは個室化が進んだ。

そうした「個立」のときも、立ち止まってみれば「孤立」に置き換わっていた。世帯の変遷、貧困、少子高齢化など無縁社会の到来から孤立への誘因は身近だけに、それに抗うには「個」がもつ「したたかさ」が必要だ。萎縮することなく、おおらかに、こだわりがあるのがいい。

自立に躊躇《ちゅうちょ》は似合わないから「孤老」でなく「個老」の勧めになる。

長年、多くの介護現場をみてきた服部万里子氏（前出・服部メディカル研究所所長）は、次のように語った。

「……孤立と孤独は違うと思っているんです。ひとりでいるから孤立ではない。誰でも長生きすればひとりになります。どんなに愛し合っている夫婦でも飛行機事故でもない限り一緒に死ぬことはできないわけですし、自分が長生きすると周りがどんどんいなくなるのが普通です。高齢期を生きるとは、ひとりで生きることだと思うんですね。そうした気持ちや覚悟をもっていないといけない。ひとりでいるから孤立ではなく、家族がいても孤立感のある人はいっぱいいます。家族がそれに気づかない、家族がいても自分が仲間に入れない。そうしたことで孤立感を深めておられる方もいますし、家族は同居して面倒を見ているからという気持ちがありますし、そこでの気持ちのずれもあるかなと思います。日本で平成一八年に高齢者虐待防止法ができましたが、その後からやはり虐待は増えているんです。介護している家族が追い詰められるのは経済的、身体的なものだけではなく、いちばんは精神的なもので、逆に言えば家族のほうも孤立するんです。そこに共通するのは、ひとつは覚悟、もうひとつは仲間、一緒に考えたり思いを共有してくれたりわかってくれたりといった関係性ができないと、結局家族自身が孤立することがあります。本人がどう生きたいかと、それができる環境があるかと、思いを共有できるような誰かを地域なり、個人のネットワークで用意することが大切だと思います。私は同じ年齢の人同士で集まるというより、年齢のさまざまな人と仲間をつくりましょうと言っています。同年齢の人がいなくなっても、違う年代の方といられますから。趣味などは年齢を超えたつながりができます。」

有料老人ホームで孤独死、そんなバカなという事件が起きた。二〇一九年五月、兵庫県。介護の必要のない「自立」で、公的介護保険を使っていなかった入居者九〇代男性は、二週間気づかれずに逝っていた。月初めには家族の面会もあったという。

夫と長男を殺害した容疑で六五歳妻が逮捕された。妻が放火したのは自宅だ。二〇二一年一一月一九日、千葉県。介護疲れか。三人暮らしで夫六七歳はほぼ寝たきり、三二歳息子も永年寝たきり、妻自身も身体障害あり。

孤立の背景の理解なしで「発見」への対策が練られていないか。個人情報保護法を理由にそれすら消極的な自治体がある。社会的な連帯とプライバシーの尊重はけっして相反するものではない。

地域単位の孤立対策が「見守り」「まちづくり」ならば、広義の孤立対策は「なぜ無縁社会なのか」に尽きる。

現代は孤立社会で若者文化中心だ。

そして戸惑う高齢者、行き場を失う高齢者。疎外と孤立も無関係ではなく、老若の世代戦争は狭量な精神に他ならない。現実となったコロナで体験した医療からの排除、必要な時に必要なサービスに辿り着けない対象者はいなかったか。

「社会的処方」のターゲットは個人ではなく、根腐れをしている今日の社会構造にある。そこでは「格差社会」が、「無縁社会」が、孤立社会の引きがねになっていた。

ひとの営みのバリアを除去しなくては孤立問題は語れない。

「無縁社会をどう変える」（毎日新聞二〇二三年一月一三日）のなかで、社会活動家の湯浅誠氏は語っている。


「コロナ禍が収まっても次のウイルスが流行する可能性は高く、気候変動や自然災害も続くでしょう。こども食堂のように、普段はつながりをつくり、非常時は支えになる場を増やさなくてはなりません。既に、高齢者施設がこども食堂を開いた例はいくつもあります。今後は、保育園などにも働きかけたいですね。それに元々、日本社会には多様な地域自治の仕組みがありました。町内会やお寺などの地域資源を再活性化させられるならば、人々の居場所は何十万にも増えるはずです。」

子ども食堂の成り立ちが親の貧困にあるとなれば、貧困自体を問題にしない社会的支援はない。高齢者の孤立の多くも、同じく貧困に由来していた。

「**自助共助　だったら政治家　いりません**」（むっちゃん）――地球規模で拡がる感染症に国が率先してすべきはなにか。国民に寄り添われても困るのか。コロナでは感染を怖れ家族も寄り添えないが、それでも強行した「東京五輪」（二〇二一年）だったことを国民は忘れない。

「**家族分の　傘がなかった　頃もあり**」（よねず徹夜）。

「高齢者一九%が単身　コロナ禍孤独に拍車　高齢者最多の三六二七万人　七五歳以上初の一五%超え」――二〇二二年の「敬老の日」。総務省は我が国の高齢者の孤立ぶりを発表した。

本書発行にあたっては、はる書房の佐久間章仁氏、編集にあたられたMBエディトリアル・オフィスの作本宏氏のお二人には大変お手を煩わせた。適切な表現や構成の提案などあってようやく「作品」に仕上がった。「前のめり」になりがちな筆者の筆致に素晴らしいストッパーの伴走者の存在、心より感謝・御礼を申し上げたい。

二〇二四年八月　東日本大震災から一三年

著　者

［付記］

本書は星槎大学共同研究助成（座談会「孤立しない」「孤立させない」二〇一九年一一月一二日実施）に報告のものと、併せて『サンデー毎日』（毎日新聞社）、『福祉文化批評』（日本福祉文化学会）ほかに既発表の原稿に加筆して再構成している。

本文に登場する自治体はじめ医療福祉の関係各位には多大なご協力をいただいた。心より御礼を申し上げたい。またそれらをモデルに孤立防止に取り組む自治体も生まれていることは歓迎したい。「孤立しない」「孤立させない」は、つまるところ「ここがいい」「ここでよかった」に連動するから「まちづくり」（地域福祉）と密接不可分と言っていい。誰にもより良いくらしの環境づくりに奔走する先達の実践からは、今後に向けて多くのヒントがあるように思う。本書に使用したデータは取材時のものになる。

資料

孤独・孤立対策の重点計画

孤独・孤立対策推進会議決定
令和四年一二月二六日改定

Ⅰ　孤独・孤立対策の基本的考え方等

1　孤独・孤立対策の現状

（一）我が国における孤独・孤立に関する状況

①新型コロナウイルス感染拡大前の状況

我が国においては、平成一二（二〇〇〇）年以降、グローバリゼーションが進む中で、それまで定着していた終身雇用、年功賃金や新卒一括採用等に基づく日本型雇用慣行が変化し、パートタイム労働者・有期雇用労働者・派遣労働者といった非正規雇用労働者が増加するなど、雇用環境が大きく変化してきた。

また、インターネットの普及等に伴う情報通信社会の急速な進展等により、国民の生活環境やライフスタイルは急速に変化してきた。

さらに、人口減少、少子高齢化、核家族化、未婚化・晩婚化、これらを背景とした単身世帯や単身高齢者の増加といった社会環境の劇的な変化が進み、地域社会を支える地縁・血縁といった人と人との関係性や「つながり」は希薄化の一途をたどってきた。

このような雇用環境・生活環境や家族及び地域社会の変化は、雇用形態の多様化や所得格差の拡大等を背景として、職場内・家庭内・地域内において人々が関わり合いを持つことによって問題を共有しつつ相互に支え合う機会の減少をもたらし、人と人との「つながり」や人間関係を築くことが容易ではない社会になりつつある中で、人々が「生きづらさ」や孤独・孤立を感じざるを得ない状況を生む社会へと変化してきたと考えられる。

こうした状況は、例えば、国連の「世界幸福度報告」によると、近年、我が国は「社会的支援（困った時にいつでも頼れる友人や親戚はいるか）」など社会関係資本に関連する指標がG７の中で下位グループに位置していること等にも表れている。

②新型コロナウイルス感染拡大後の状況

令和二年一月に国内で最初の新型コロナウイルス感染者が確認され、緊急事態宣言の発出による飲食店等に対する休業要請や感染拡大防止対策、外出自粛要請が行われて以降、我が国における人々の生活は一変した。

例えば、緊急事態宣言の発出に伴う経済活動の停滞の影響により、休業者の増加だけでなく、それまで増加傾向であった就業者数は女性の非正規雇用労働者を中心に大幅に減少し、就業者の給与水準は減少傾向となった。それらの結果として、生活の困窮をはじめとした生活に関する様々な不安や悩みを抱える人が増え、相談支援機関への相談件数の増加等が生じることとなった。

また、感染拡大防止措置の影響により、それまで行政機関やNPO及び社会福祉法人等（以下「NPO等」）が各地域で提供してきた、地域のこどもや高齢者等の交流・見守りや支え合いの場、あるいは相談支援を受ける機会等が失われたほか、それらの提供主体の側においても、直接や対面でのコミュニケーションを行いながら支援等が必要な人に対して支援等を行う従前の取組・活動について、休止や手法の変更等を余儀なくされることとなった。

さらに、外出自粛の影響により、人々が自宅で家族とともに過ごす時間が増加したことは、家族の親密化をもたらす一方で、元々折り合いの良くなかった家族にとっては家族関係の悪化が生じ、閉塞感を感じる人が少なからず存在したことが見込まれる。

このことは、自殺者数は令和二年に総数で前年比九一二人増の二万一〇八一人（うち、女性は七〇二六人で前年比九三五人増、児童生徒は四九九人で前年比一〇〇人増で過去最多）となり一一年ぶりに対前年比で増加したこと、ＤＶ相談件数は令和二年度で一八万二一八八件（前年度比六万二九一二件増）となったこと、児童相談所における児童虐待相談対応件数は令和二年度で二〇万五〇四四件（前年比一万一二六四件増）となったこと、小・中学校における長期欠席者のうち不登校児童生徒は令和二年度で一九万六一二七人（前年度一八万一二七二人、前年度比一万四八五五人増）となったこと等の要因の一つとも考えられる。

なお、令和三年の自殺者数は、総数では前年比七四人減の二万一〇〇七人となり、うち女性は七〇六八人で二年連続の増加、児童生徒は四七三人で過去二番目に多い状況となっている。また、令和三年度のＤＶ相談件数は一七万六九六七件で、前年度から五二二一件減少しているものの、引き続き高水準で推移している。さらに、令和三年度の小・中学校の不登校児童生徒数は二四万四九四〇人（前年度比四万八八一三人増）で過去最多となっている。

我が国の社会生活を一変させた新型コロナウイルス感染拡大は、それまでの社会環境の変化等により孤独・孤立を感じやすくなっていた社会において内在していた孤独・孤立の問題を顕在化させ、あるいは一層深刻化させる契機になったと考えられる。

（二）政府の取組

新型コロナウイルス感染拡大の影響が長期化することにより、孤独・孤立の問題がより一層深刻な社会問題となっていることを受けて、政府においては、令和三年二月に孤独・孤立対策担当大臣を指名して同大臣が司令塔となり、内閣官房に孤独・孤立対策担当室を立ち上げ、政府一丸となって孤独・孤立対策に取り組むこととした。

政府においては、令和三月三月以降、孤独・孤立対策担当大臣を議長とし、全省庁の副大臣で構成する「孤独・孤立対策に関する連絡調整会議」及び「孤独・孤立対策推進会議」を定期的に開催し、政府全体として総合的な孤独・孤立対策を検討・推進している。

我が国では、今後、単身世帯や単身高齢世帯の増加が見込まれる中で、孤独・孤立の問題の深刻化が懸念される。このため、今後、新型コロナウイルス感染拡大が収束したとしても、我が国の社会に内在する孤独・孤立の問題に対して、政府として必要な施策を不断に検討した上で着実に実施することが必要である。

2　孤独・孤立対策の基本理念

（一）孤独・孤立双方への社会全体での対応

孤独・孤立は、人生のあらゆる場面において誰にでも起こり得るものであり、支援を求める声を上げることや人に頼ることは自分自身を守るために必要であって批判されるべきものではない。また、孤独・孤立は、当事者[1]個人の問題ではなく、社会環境の変化により当事者が孤独・孤立を感じざるを得ない状況に至ったものである。孤独・孤立は当事者の自助努力に委ねられるべき問題ではなく、現に当事者が悩みを家族や知人に相談できない場合があることも踏まえると、孤独・孤立は社会全体で対応しなければならない問題である。

「人間関係の貧困」とも言える孤独・孤立の状態は、「痛み」や「辛さ」を伴うものであり、心身の健康面への深刻な影[2]や経済的な困窮等の影響も懸念されており、孤独・孤立は命に関わる問題であるとの認識が必要である。

一般に、「孤独」は主観的概念であり、ひとりぼっちと感じる精神的な状態を指し、寂しいことという感情を含めて用いられることがある。[3] 他方、「孤立」は客観的概念であり、社会とのつながりや助けのない又は少ない状態を指す。

概念は異なるが相互に関連する「孤独」と「孤立」の問題としては、

- 社会とのつながりが少なく「孤立」しており、不安や悩み、寂しさを抱えて「孤独」である場合がある
- 社会とのつながりが一定程度あり「孤立」していないが、不安や悩み、寂しさを抱えて「孤独」である場合がある
- 社会とのつながりが少なく「孤立」しているが、不安や悩み、寂しさを抱えていないため「孤独」でない場合もある（ただしその場合でも、家族など周りの方が困難を抱えている場合も想定される）

が考えられるが、孤独・孤立に関して当事者や家族等が置かれる具体的な状況は多岐にわたり、孤独・孤立の感じ方・捉え方も人によって多様である。

多様な形がある孤独・孤立の問題については、孤独・孤立の一律の定義の下で所与の枠内で取り組むのではなく、孤独・孤立双方を一体として捉え、当事者や家族等[4]の状況等に応じて多様な

アプローチや手法により対応することが求められる。

また、社会からの孤立がセルフネグレクトや社会的排除を生むという「負の連鎖」を断ち切る観点からも取組を進めることが求められる。

一方、主観や感情に関わる「孤独」の問題への対応については、個人の内心に関わる点に留意しつつ、問題の状況に応じて必要な対応は当然行うことが求められる。

政府の孤独・孤立対策においては、以上に留意し、当事者や家族等が「望まない孤独[5]」及び「孤立」を対象として、その実態や当事者・家族等のニーズに応じた施策を有機的に連関させて取組を進める。

孤独・孤立対策においては、孤独・孤立の問題やそれらから生じ得るさらなる問題に至らないようにする「予防」の観点、すなわち孤独・孤立を生まない社会をどのようにつくるのかが重要であるとともに、孤独・孤立に悩む状態に至っても可能な限り速やかに当事者の望む状態に戻れるように取り組むことが重要である。また、「予防」の観点からも当事者や家族等が支援を求める声を上げやすい社会にするためには、社会福祉や公的扶助に対する社会の理解が必要となる。

政府の孤独・孤立対策においては、以上に留意し、「孤独・孤立に悩む人を誰ひとり取り残さない社会」、さらには「誰もが自己存在感・自己有用感を実感できるような社会」「相互に支え合い、人と人との「つながり」が生まれる社会」を目指して取り組むとともに、令和三年に行った孤独・孤立の実態把握に関する全国調査の結果を踏まえた「予防」の観点からの施策を推進する。

政府においては、孤独・孤立の実態把握に関する全国調査の結果を踏まえて、また、孤独・孤立に関連するデータや国際比較、学術研究の利活用も進めて、本重点計画を含む施策の点検や評価を行い、施策を一層推進する。

（二）当事者や家族等の立場に立った施策の推進

人生のあらゆる場面において誰にでも起こり得る孤独・孤立の問題は、人生のどの場面で発生したかや当事者の属性・生活環境等によって多様である。

また、孤独・孤立の問題を抱える当事者のニーズや生活の基盤をおく地域の実情等も多様であるとともに、当事者の中には、同世代や同性による対応が望ましい場合もあるなど、支援に当たって配慮すべき事情を抱える方も存在する。また、当事者の家族等が困難を抱えている場合も存在する。

政府の孤独・孤立対策においては、以上に留意し、まずは当事者の目線や立場に立って、孤独・孤立を生む要素が複合的に絡み合った困難な課題を含め、当事者一人ひとりのライフステージや属性・生活環境、多様なニーズや配慮すべき事情等を理解した上で、施策を推進する。また、その時々の当事者の目線や立場に立って、切れ目がなく息の長い、きめ細かな施策を推進する。加えて、孤独・孤立の問題を抱える当事者の家族等も含めて支援する観点からの施策を推進する。

（三）人と人との「つながり」を実感できるための施策の推進

人々に行動制限をもたらした新型コロナウイルス感染拡大のみならず、平成七（一九九五）年の阪神・淡路大震災や平成二三（二〇一一）年の東日本大震災をはじめとして全国各地で発生した自然災害は、人と人との「つながり」の重要性を再認識させる契機となった。また、地域で失われた人と人との「つながり」を再構築するためには、関係行政機関（特に地方自治体）のみならず、ＮＰＯ等の民間法人の現場レベルでの取組や活動も必要かつ重要であることを再認識した。

現行の社会保障制度が現金給付や現物給付を中心とする中で、孤独・孤立の問題を抱える当事者や家族等の精神的な支援の充実も重要である。

政府の孤独・孤立対策においては、孤独・孤立の問題を抱える当事者や家族等が疎外を感じてしまうような関係や支援の場に形式的につなぐことでは十分でなく、当事者や家族等が相談できる誰かや信頼できる誰かと対等につながっているという形で人と人との「つながり」を実感できることが重要であり、このことは孤独・孤立の問題の解消にとどまらず、ウエルビーイング（Well-being：人の幸福感）の向上や社会関係資本の充実にも資するという考え方の下で、施策を推進する。また、日常生活の場である地域など社会のあらゆる分野に孤独・孤立対策の視点を入れ、すべての人のために、広く多様な主体が関わりながら、人と人との「つながり」をそれぞれの選択の下で緩やかに築けるような社会環境づくりを目指す。

孤独・孤立の問題が顕在化する前の「予防」的な対応、[7] 関連する分野や因果関係が多岐にわたる問題への対応、行政の施策や取組に積極的にアクセスしない者への対応は、行政による政策的な対処のみでは困難又はなじみづらい場合がある。このため、孤独・孤立対策は、行政と民間が連携して取り組むことが必要不可欠である。また、孤独・孤立の問題の「予防」の観点からは、社会福祉や公的扶助をはじめとする施策にアクセスしやすくすることも必要である。

地域によって社会資源の違いがある中で、孤独・孤立の問題を抱える当事者や家族等を支援するため、孤独・孤立の実態把握に関する全国調査の結果を活用しつつ、行政・民間の各種施策・

取組（公的支援施策や関連する行政計画等、行政を補う民間の取組等）について、有機的な連携及び充実を図る。

支援者である関係行政機関（特に基礎自治体）において、既存の取組（例えば重層的支援体制整備事業）も活かして、縦割りの制度に横串を刺して分野横断的な対応が可能となる孤独・孤立対策の推進体制を整備した上で、すべての都道府県及び市区町村に設置されている社会福祉協議会や、地域運営組織等の住民組織とも協力しつつ、ＮＰＯ等の民間法人との間で相互に密接な連携・協働を図ることにより、安定的・継続的に施策を展開する。

3　孤独・孤立対策の基本方針

（一）孤独・孤立に至っても支援を求める声を上げやすい社会とする

①孤独・孤立の実態把握

孤独・孤立対策における各種施策の効果的な実施、施策の実施状況の評価・検証、施策の在り方の検討、これらの実施に当たって必要となる関係者との情報共有に資するよう、孤独・孤立に関する実態の把握を推進する。併せて、孤独・孤立に関連するデータや国際比較、学術研究の蓄積・整備を推進する。

また、令和三年に行った孤独・孤立の実態把握に関する全国調査の結果（社会環境の変化を背景とした、孤独感が高い人の割合が高い年代、孤独感が高い人の属性、孤独感に至る前に経験した出来事等）を踏まえ、令和四年に実施予定の実態調査の結果も用いた孤独・孤立に至る要因の分析を行うとともに、孤独・孤立の問題やそれらから生じ得るさらなる問題に至らないようにする「予防」の観点からの施策を推進する。

②支援情報が網羅されたポータルサイトの構築、タイムリーな情報発信

孤独・孤立の問題を抱える当事者や家族等へ孤独・孤立に関する支援の情報を網羅的かつタイムリーに届けられるよう、ポータルサイト・ＳＮＳによる継続的・一元的な情報発信、二四時間対応の相談体制の整備、各種支援施策につなぐワンストップの相談窓口（電話、ＳＮＳ等）の整備、プッシュ型の情報発信等により、孤独・孤立に関する情報へのアクセスの向上を推進する。

③声を上げやすい・声をかけやすい環境整備

孤独・孤立は、人生のあらゆる場面において誰にでも起こり得るものである。しかし実際には、孤独・孤立に至っていても「他人や制度に頼りたくない、迷惑をかけたくない」あるいは「他人に知られたくない」等の「ためらい」や「恥じらい」の感情により支援を受けていない方がいる。また、これまで「申請主義」を基本としてきた制度の下で「支援制度を知らない。自分が支援対象に該当するとは思わなかった。」等の理由により支援を受けていない方もいる。さらに、孤独・孤立に至っている当事者の家族等が困難を抱えている場合も存在する。

このため、孤独・孤立の問題を抱える当事者や家族等が支援を求める声を上げやすい、あるいは周りの方が気づきや対処をできる（声を聞ける・拾える、声をかけやすい）ような環境を整えることが求められる。

支援を求める声を上げること、人に頼ること、誰かに早く相談することは、良いことであり、自分自身を守るためにも社会や地域のためにも必要であり、この時代には当然である。こうしたことを含め、孤独・孤立や「共に生きる」について国民一人ひとりの理解・意識や機運を社会全体で醸成して高めていけるよう、また、当事者や周りの方が支援を求める声を上げやすくなるとともに広く支援制度を知ることができるよう、情報発信・広報及び普及啓発、制度の検証、幼少期からの「共に生きる力」を育む[8]教育や豊かな人間関係づくり[9]、周りの方が当事者への気づきや対処をできるようにするための環境整備を推進する。さらに、アウトリーチ型支援を含めた当事者への働きかけや「伴走型」の支援を推進する。

これらの推進に当たっては、令和三年に行った孤独・孤立の実態把握に関する全国調査の結果を活用しつつ、孤独・孤立対策官民連携プラットフォーム分科会1の検討成果（令和四年一〇月七日）に沿って具体的な取組を進める。

（二）状況に合わせた切れ目のない相談支援につなげる

①相談支援体制の整備（電話・SNS相談の二四時間対応の推進等）

孤独・孤立の問題を抱える当事者や家族等が、一人ひとりの多様な事情やニーズ等の状況に合わせて、切れ目がなく、息の長い、きめ細かな相談支援を受けられるよう、全国において、各種相談支援制度の有機的な連携や各相談支援機関の対等な連携による包括的な相談支援体制の整備をさらに推進するとともに、電話・SNSのそれぞれの特性を踏まえた二四時間対応の相談など多元的な相談支援体制の整備を推進する。

また、当事者や家族等を取り巻く多様な人が関わりつつ専門職も強みを発揮する発展的な相談支援の体制整備を推進する。

さらに、ワンストップの相談窓口等の一元的な相談支援体制及び相談と支援をつなぐ体制の本格実施に向けた環境整備に取り組む。

②人材育成等の支援

孤独・孤立の問題を抱える当事者や家族等に対して、一人ひとりの相談時の心理的負担に留意しつつ多様な状況に即した充実した相談支援を行えるよう、関係機関において孤独・孤立に係る相談支援に当たる人材の確保（就労環境の改善を含む）、育成及び資質の向上を推進する。その際、孤独・孤立に関する知識や福祉・保健・教育等の複数の分野にわたる専門的知識を習得できるような工夫（複数分野の資格の取得を含む）も求められる。

また、相談支援に当たる人材の心理的負担の軽減に資するよう、相談支援に当たる人材への支援を推進する。

（三）見守り・交流の場や居場所を確保し、人と人との「つながり」を実感できる地域づくりを行う

① 居場所の確保

日常生活環境において人と人との交流を目的として多様な「つながり」の場となる居場所の確保は、人生のライフステージの段階や属性に応じて孤独・孤立の問題を抱える当事者や家族等にとっては、身近な地域における人との「つながり」や自身の役割を持つ場となり、気軽に話や相談をし合ったり早期対応につなげたりする等の場にもなるとともに、地域コミュニティの形成・維持にも資するものである。このような日常の様々な分野における緩やかな「つながり」を築けるような多様な各種の「居場所」づくりや「居場所」の「見える化」及び担い手の増大を図る取

組、市民による自主的な活動やボランティア活動を推進する。併せて、NPO等が利用しやすい支援の在り方を検討する。

また、孤独・孤立対策においては、こうした各種の「つながり」の場づくりそのものを施策として評価するとともに、その効果的な運用を推進するものとし、これらに必要な方策を検討する。

② アウトリーチ型支援体制の構築

孤独・孤立の問題を抱えているが支援を求める声を上げることができない当事者や家族等に支援を確実に届けることができるよう、その意向や事情にも配慮したアウトリーチ型の支援を推進する。併せて、NPO等が利用しやすい支援の在り方を検討する。

③ 保険者とかかりつけ医等の協働による加入者の予防健康づくりの推進等

かかりつけ医等と医療保険者が協働し、医療保険の加入者の健康面や社会生活面の課題について情報共有しながら、加入者の重症化予防に必要な栄養指導等の保健指導の実施や地域社会で行っている相談援助等の活用を進めることで、加入者の健康面及び社会生活面の課題を解決するための取組（いわゆる「社会的処方」の活用）を推進する。

併せて、社会生活面の課題解決の観点や社会的・地域的課題への対応等の観点から公的施設等を活用する取組や情報発信を推進する。

④ 地域における包括的支援体制の推進

孤独・孤立の問題を抱えている、あるいは孤独・孤立に至りやすい当事者や家族等に対して、地域の専門職等による継続的支援及び必要時の緊急的支援、当事者自らが選択して自らの役割を見出せる場となる地域コミュニティへつなぐ支援（総合相談、ケース会議、就労支援、出所者支援等）やコミュニティ（職場・世帯）間移動の支援（転職支援、職業訓練、ＤＶ被害者支援、若年女性支援等）等を行う各種制度での対応（前述の相談支援体制、居場所づくり、アウトリーチ型支援等を含む）を推進する。

また、地域の関係者[10]が連携・協力しつつ、福祉や保健と教育との連携（例えば、こどもが通う学校を起点・拠点として問題を早期に把握して地域での支援へつなぐ仕組み）、福祉と保健、医療、雇用・就労、子育て、住まいとの連携など各分野の取組を有機的に連携させて分野横断的に、当事者を中心に置いた包括的支援体制を推進する。併せて、そのような連携のもと、住まいのセーフティネットについて、その強化を含め在り方を検討する。

さらに、地域において当事者を包括的に支える支援体制を構築するため、重層的支援体制整備事業の活用をはじめ、小学校区や自治会等の地域の実情に応じた単位で人と人との「つながり」を実感できる地域づくりを推進する。併せて、地域の関係者が孤独・孤立について理解を深めるための環境整備とともに、社会教育を通じて人と人との「つながり」を実感できる地域づくりも推進する。

（四）孤独・孤立対策に取り組むNPO等の活動をきめ細かく支援し、官・民・NPO等の連携を強化する

①孤独・孤立対策に取り組むNPO等の活動へのきめ細かな支援

孤独・孤立対策の推進に当たって、孤独・孤立の問題を抱える当事者への支援を行うNPO等は重要かつ必要不可欠であることから、孤独・孤立対策に取り組むNPO等の活動（人材育成を含む）に対して安定的・継続的にきめ細かな支援を行う。

②NPO等との対話の推進

孤独・孤立対策が当事者や家族等のニーズ等に即してより効果的なものとなるよう、NPO等との対話（現場の実態等に関する情報の共有、提言等の施策への反映）により、官・民一体で孤独・孤立対策の取組を推進する。

また、NPO等が当事者や家族等への支援を進めるに当たって必要な場合には、その意向にも配慮しつつ、個人情報の取扱い（NPO等の支援先となる者の個人情報をその同意の下で行政とNPO等が共有すること等）に関する先行事例等の情報について、NPO等や地方自治体への提供・共有を行う。

③連携の基盤となるプラットフォームの形成

孤独・孤立の問題に対してNPO等の支援機関単独では対応が困難な実態があることを踏まえ、民・民及び官・民・NPO等の取組の連携強化の観点から、各種相談支援機関やNPO等の連携の基盤となる全国的なプラットフォームの活動を促進することにより、人と人との「つながり」を実感できる地域づくりや社会全体の機運の醸成を図りつつ、官・民一体で孤独・孤立対策の取組を推進する。

また、地方における連携の基盤となるプラットフォームの形成に向けた環境整備に取り組む。その際、国がモデル事例を地方自治体へ提示し、プラットフォームに参画する関係者が対等に相互につながる「水平型連携」を目指すものとする。

官・民の連携基盤の形成に当たっては、官・民それぞれの取組の裾野を広げるとともに、連携に参画する民の主体の多元化を図ることが重要であることに留意する。また、民間企業が事業活動を通じて孤独・孤立対策に資する取組を行う形で連携に参画することを推進する。[11]

④ 行政における孤独・孤立対策の推進体制の整備

孤独・孤立の問題への対応や官・民・NPO等の連携を円滑に進める観点から、地方自治体（特に基礎自治体）における既存の取組も活かした孤独・孤立対策の推進体制（縦割りの制度に横串を刺して分野横断的な対応が可能となる体制）の整備を促進する。

また、都道府県と市区町村との連携・協力を含めた地方自治体における体制整備や、地域の実情に応じた施策の展開・底上げを支援するため、地方自治体に対し、政府の孤独・孤立対策に関する施策や先行事例・好事例等の情報に加えて、既存の取組の活用を含めて地方自治体における施策の推進に資する留意点等の情報の提供・共有を行う。

4　孤独・孤立対策の施策の推進

本重点計画は、政府において、社会環境の変化に応じて長期的視点に立って孤独・孤立の問題に対処することとしつつ、今後重点的に取り組む孤独・孤立対策の具体的施策をとりまとめたものである。

関係府省は、本重点計画の各施策それぞれの目標の達成に向けて、着実に取組を進めることとする。

政府の孤独・孤立対策は、本重点計画の基本理念及び基本方針に基づき、関係府省及びＮＰＯ等が連携して幅広い具体的な取組を総合的に実施することとする。

また、孤独・孤立の実態把握に関する全国調査の結果、新たな知見及び関係者の意見等も踏まえて、関係府省において、各々の所管施策に本重点計画の基本理念・基本方針が示す孤独・孤立対策の視点を組み入れて、事業の使いやすさの改善に努めるとともに、事業展開にさらなる検討を加えていくこととする。

特に、孤独・孤立対策に取り組むＮＰＯ等の活動への支援については、当面、令和三年三月の緊急支援策で実施した規模・内容について、強化・拡充等を検討しつつ、各年度継続的に支援を行っていくこととする。

令和三年二月より政府として取り組んでいる孤独・孤立の問題については、今後、実態の把握やＮＰＯ等の関係者との意見交換に加え、孤独・孤立に関連する学術研究も進展することが期待される。こうした状況を踏まえて、本重点計画についても不断に検討を行っていく必要がある。

こうした観点から、政府においては、孤独・孤立の実態把握に関する全国調査の結果を踏まえて、また、現場のデータを収集して利活用するための体制整備を検討しつつ孤独・孤立に関連するデータ分析を推進し、データや国際比較、学術研究も利活用して、毎年度、本重点計画の各施策の実施状況の評価・検証を行うとともに、評価・検証の指標について検討する。併せて、毎年度を基本としつつ必要に応じて、本重点計画全般の見直しの検討を行う。また、これらを行う際には、「孤独・孤立対策推進会議」及び「孤独・孤立対策の重点計画に関する有識者会議」における審議等を行うこととする。

註

1　孤独・孤立の問題を抱えている、あるいは孤独・孤立に至りやすいと現在一定程度認識されている当事者として、例えば、生活困窮状態の人、ひきこもりの状態にある人、メンタルヘルスの問題を抱える人、妊娠・出産期の女性、子育て期の親、ひとり親、新型コロナウイルス感染拡大に起因する不本意な退職や収入減など様々な困難や不安を抱える女性、ＤＶ等の被害者、こども・若者、学生、不登校の児童生徒、中卒者や高校中退者で就労等をしていない人、独居高齢者、求職者、中高年者、社会的養護出身の人、非行・刑余者、薬物依存等を有する人、犯罪被害者、被災者、心身の障害あるいは発達障害等の障害のある人や難聴等の人、難病等の患者、外国人、在外邦人、ケアラー、ＬＧＢＴＱの方等が考えられる。ただし、孤独・孤立は誰にでも起こり得ることから、孤独・孤立対策はすべての国民が対象となる。

2　英国では、孤独は肥満や認知症、高血圧のリスクを高める等の健康被害をもたらす、社会的なつながりが弱いと一日一五本の喫煙と同程度の健康への悪影響がある、社会的孤立は健康格差に影響を与えるとの研究がある。

3　英国における「孤独」の定義は「交友関係の欠如や喪失という主観的で好ましくない感情。現在有する社会的関係の量や質と望んでいる社会的関係の量や質との間にミスマッチがある時に生じる。」とされている。

4　「家族等」には、例えば当事者の友人・知人が含まれる。

5　以下、本重点計画で「孤独」と表記する場合は、「望まない孤独」のことを言う。なお、「望まない孤独」であるか否かの判断には慎重さが求められることに留意が必要である。

6　例えば、若い世代からの相談に対して同世代の者が対応したり、女性からの相談に対して女性が対応したりすることが望ましい場合がある。

7　例えば、乳幼児期や学齢期などライフステージに応じた「予防」的な対応が想定される。

8　「共に生きる力」を育む教育は、多様な人や地域と関わって多様な生き方を認め合うことを理解する体験、自他尊重のコミュニケーションスキルを育む機会、社会保障についてその活用方法を含めて知る機会、地域福祉を学ぶ機会などを、学校教育や社会教育などの場、学校教育と社会教育の協働の場で設けることを言う。

9　学校教育、社会教育、家庭教育や地域コミュニティでのつながりなどを通じた人間関係づくりを言う。

10　保健・医療・福祉等の専門機関及び専門職、社会福祉法人、社会福祉協議会、学校及び教育関係者、NPO、住民組織、民生委員・児童委員、保護司、コミュニティソーシャルワーカー、ゲートキーパー（悩んでいる人に気づき、声をかけ、話を聞いて、必要な支援につなげ、見守ることができる人）、ボランティア等を言う。

11　例えば、重層的支援体制整備事業（社会福祉法（昭和二六年法律第四五号）第一〇六条の四）や消費者安全確保地域協議会（消費者安全法（平成二一年法律第五〇号）第一一条の三）において、必要な情報の共有を行いつつ、民間企業が官・民の連携に参画することや、日常の事業活動を通じて地域住民の見守りに協力する民間企業が地方自治体における官・民の連携に参画することが考えられる。

〔お断り〕川柳について

本文中に川柳（毎日新聞「仲畑流万能川柳」）の入選作を多数引用している。喜怒哀楽の川柳は風刺で時代を映す鏡といわれるが、さすがに秀逸なものが並ぶ。「**役人が　机の上で　する介護**」（こだま岳人）が目に飛び込んだ。介護現場の取材を終え帰宅してたまたま目にした作品に「上手い」と膝を打っていた。厳しい労働のもと頑張る介護士各位から何度これに似た言葉を聞いたことか。一七字のキリッとした老瞰図《ろうかんず》に魅了された。引用に際しては出会った作品のなかから無作為の紹介となっている。ご寛恕を乞うとともにお断りとさせていただきたい。この場を借り、使用にあたっての報告とともに御礼を申し上げます。

【著者プロフィール】

山口道宏（やまぐち・みちひろ）
ジャーナリスト、星槎大学特任教授、東洋大学アジア文化研究所客員研究員。日本ペンクラブ会員。
主著:『老夫婦が独りになる時』（三省堂）、『東京で老いる』（毎日新聞社）、『男性ヘルパーという仕事』『申請主義の壁！』『無縁介護』『介護漂流』『ドキュメント ひとりが要介護になるとき。』（以上、現代書館）。

老いは孤立を誘う――「支援される・支援する」関係の再構築

二〇二四年九月二〇日　初版第一刷発行

著　者　山口道宏
発行所　株式会社はる書房
〒一〇一-〇〇五一　東京都千代田区神田神保町一-四四駿河台ビル
電話・〇三-三二九三-八五四九　FAX・〇三-三二九三-八五五八
https://www.harushobo.jp/
装　幀　森岡寛貴（ミライエ）
組　版　シナプス
取材協力　シニア総研　NPO法人シニアテック研究所・鶴岡哲夫
　池田裕子　山村檀美
資料協力　ゆたかなくらし編集部
印刷・製本　丸井工文社

ISBN978-4-89984-219-4